beck Ische
reihe

W0067553

b sr

Welche Qualen ein Museumsbesucher erleidet, das weiß man erst, seit ein Museumsshop sie lindert: Hier kann man alles anfassen, kaufen und mit nach Hause nehmen; hier findet der Konsument nach der Geisterwelt des Unberührbaren und Unverkäuflichen ins wahre Leben zurück. Ist er dort glücklich? Das ist die Frage, der Walter Grasskamp in seinen Streifzügen durch die Warenwelt nachgeht. Auf ihnen portraitiert er Teetrinker und Zigarettenraucher, Sofabildbesitzer und Popmusikfans, Schmuckträger und Markenbekleidete im Verhältnis zu den Gütern, für die sie das Wertvollste geben, das sie haben, ihr Geld – es sei denn, sie gehören zu den Ladendieben, denen eine eigene Betrachtung gewidmet ist.

Grasskamps Aufmerksamkeit gilt Edelkonsumenten und Normalverbrauchern gleichermaßen; im Unterschied zum vorherrschenden Interesse an der Zeichenhaftigkeit des Konsums beschäftigt ihn allerdings eher der Gebrauchswert der Dinge – und der Trost, den sie für den Menschen bereithalten.

Walter Grasskamp ist Kunstkritiker und Professor für Kunstgeschichte an der Akademie der Bildenden Künste in München. Bei C. H. Beck ist von ihm lieferbar: „Die unbewältigte Moderne. Kunst und Öffentlichkeit" ([2]1994), „Die unästhetische Demokratie. Kunst in der Marktgesellschaft" (1992), „Der lange Marsch durch die Illusionen. Kunst und Politik" (1995) sowie „Kunst und Geld. Szenen einer Mischehe" (1998).

Walter Grasskamp

Konsumglück

Die Ware Erlösung

Verlag C. H. Beck

Die Deutsche Bibliothek – CIP-Einheitsaufnahme

Grasskamp, Walter:
Konsumglück: die Ware Erlösung /
Walter Grasskamp. – Orig.-Ausg., – München: Beck, 2000
  (Beck'sche Reihe; 1397)
  ISBN 3-406-45937-4

Originalausgabe
ISBN 3 406 45937 4

Umschlagentwurf: +malsy, Bremen
© Verlag C. H. Beck oHG, München 2000
Satz: Fotosatz Janß, Pfungstadt
Druck und Bindung: C. H. Beck'sche Buchdruckerei, Nördlingen
Printed in Germany

www.beck.de

And believe in whatever may lie
In those things that money can buy
Jackson Browne *The Pretender*

Inhalt

I. Glücksgriff

Markentreffen in Schwerte

Eine Benutzeroberfläche

Eine schwarze Umhängetasche mit dem gelben Aufdruck *Cat*, daneben eine olivgrüne Jacke mit dem Schriftzug *American All Stars USA*, dahinter eine Frau, auf deren Schuhen *Cliff* steht, auf dem schwarzen Mantel *Sequoia*, auf ihrer Plastiktüte *Eduscho*. Rechts davon eine mauvefarbene Jacke mit der eingestickten Parole *L'Aggression 2000* und einem nicht weniger kryptischen Emblem; auf den Schuhen der eingenähte Stoffstreifen von *Puratex*. Nur die Rücken sind zu sehen, nicht, was sonst noch alles auf Hemden und Pullovern stehen mag, auf Schals und Uhren, Geldbörsen oder Unterwäsche.

Es sind nicht einmal zehn Quadratmeter eines Bahnsteigs in Schwerte, auf dem sich das alles an einem trüben Oktobertag versammelt; eine reiche Ausbeute. Doch fällt sie nur auf, weil die wartende Menge durchsetzt ist von Mützen, Schals und Jacken im Gelb-Schwarz von *Borussia Dortmund*, der Farbigkeit von Bienen und Wespen also, die man instinktiv als Alarmzeichen wahrnimmt.

Dazwischen ein reisemüder Herr, dessen verschossener Staubmantel den Hersteller nur mit einer Innenmarke verrät, die aus dem Sakko bereits entfernt ist. Die in Politik, Wirtschaft und Kultur allgegenwärtige Brille trägt er in der einzigen Fassung, der die Designermarke nur eingeprägt ist und damit unlesbar bleibt. Der Cordhose hat er ihr Außenetikett schon aus Qualitätsenttäuschung abgenommen, seine Schuhe schweigen sich, anders als die Socken, sogar unter der Sohle aus.

Eine erkaufte Identität auch diese, und ihre Markierungsleere ebenfalls ein Zeichen: Wenn man sich schon darüber aufregt, daß inzwischen jeder zweite Kultur-Event von Sponsorenlogos bepflastert wird, vom Sport ganz zu schweigen, dann möchte man selber nicht auch noch als beschrifteter Mensch herumlaufen.[1]

So steht er also unlesbar herum, allein die Krawatte ist seine Marke in diesem Minuten-Milieu. Zurückhaltung in Zeichendingen war ihm bislang als selbstverständlich erschienen; Geschmack erkannte er daran, daß selbst das prominente Reptil vom Piquéshirt entfernt wurde, was immerhin fünf Minuten konzentrierter Feinarbeit verlangt. Doch tags zuvor saß er im Bordrestaurant des *In-*

terCity einem teuren Anzug gegenüber, an dessen Ärmelrand ein aufgenähtes Herstelleretikett prangte, das man nach dem Kauf offenbar nicht mehr entfernt, sondern neuerdings mit sich herumträgt, beim Händedruck entgegenreckt oder beim Uhrablesen exponiert. Auch elegantere Zeitgenossen laufen inzwischen herum wie gesponsert, obwohl sie alles brav bezahlt haben.

Dazwischen lag der ratlose Besuch in einem Pflegeheim mit lauter geistesabwesenden Alten: Ein klinisches Soziotop ohne den geringsten Hinweis auf irgendwelche Kleidermarken oder Konsumembleme; ein Niemandsland auch der Zeichen. Wie Krankenhäuser und Altenheime verriet es mit seinem Etikettenmangel, daß die Zeichenintensität des Erscheinungsbildes längst als Ausweis von Jugendlichkeit und Gesundheit, von sozialer Integration und kommerzieller Potenz dient.

Der einfahrende Zug rührt die Menge auf, eine Tasche kommt vorbei, die kundtut, daß ihre Besitzerin in *Disneyland Paris* war, jede Menge *adidas* geht durch, *Goretex* und mit Wappen geschmückte Baseballkappen. Ein kompliziertes, irisch inspiriertes Totem auf der Rückseite einer Wolljacke läßt sich nicht schnell genug entziffern; auch andere skurrile Markierungen gehen jetzt im Gedränge unter. Die Differenz, die sie hätten hervorkehren sollen, wäre ohnehin nur Fiktion gewesen. Denn diese Markenartikel sind jeweils zu Tausenden produziert worden; außerhalb der Fabriken hätten sie wie Uniformen erscheinen müssen, wären sie nicht über verschiedene Städte und Läden verteilt worden. Diese Distribution dünnte ihre Normierung aus, daher konnte man sie in irgendeiner verlorenen Provinzboutique als die Unikate erstehen, als die sie jetzt getragen werden.

Im überfüllten Zug stellt sich heraus, daß die *BVB*-Embleme von der *Deutschen Bahn* offenbar als Übergang zur 1. Klasse toleriert werden; im Sitzen enthüllt sich, daß selbst Sockenschäfte als Medien für Herstellerbotschaften taugen. An der Haltestelle Dortmund-Westfalenhalle verlassen die *BVB*-Markierten den schlagartig leeren Zug und eilen dem Stadion entgegen, wo das übliche Polizeiaufgebot darauf wartet, sie von der feindlichen Zeichenmenge fernzuhalten. Fast zwei Stunden wird die populäre Konfrontation in Anspruch nehmen, in der geklärt wird, welche Markierung anschließend verhöhnt werden darf.

Aufschlußreicher wäre es natürlich gewesen, wenn sie, statt ins

Stadion zu gehen, die Geräte bestiegen hätten, über die sie im Zug und anderswo bevorzugt reden, ihre Autos, die den mobilen Teil ihrer markierten Identität zutreffender charakterisieren als diese Bahnfahrt. Die Benutzung eines öffentlichen Verkehrsmittels verdankte sich ja nicht einer Markenentscheidung, sondern der Parkplatzknappheit am Ort des Geschehens sowie dem vorhersehbaren, jetzt schon beträchtlichen Bierkonsum aus bunt bedruckten Büchsen.

Im Dortmunder Hauptbahnhof kann das Dienstleistungsunternehmen Bahn, dessen behäbigem Markenzeichen Kurt Weidemann gerade erst neue Kanten verpaßt hat, kein leeres Schließfach bieten. Der schwere Koffer, schon in der Form, sicherheitshalber aber auch durch eine Aufschrift als Produkt der Firma *DelSey* ausgewiesen, will auch dem Taxifahrer und der Patentante gezeigt werden. Am Abend, nach Spielschluß, wird hier die Polizei dafür sorgen, daß die abreisenden Anhänger der unterlegenen Mannschaft, *Hansa Rostock*, nicht ihren Markierungen zum Opfer fallen. Die mit den Insignien der Staatsgewalt versehenen Uniformierten fahren mit scharfen Hunden zwischen die rivalisierenden Marodeure, die sich wegen ihrer Mannschaftszeichen nicht riechen können.

Angesichts der lauernden Barbarei ihrer Stammesmarkierungen verlieren die Konsummarken vorübergehend ihre – auch sonst nicht allzu virulente – Bedeutung, sind sie doch keine Zeichen des Konflikts, sondern der marktwirtschaftlich befriedeten Differenz: Als Ausgehuniformen des Individualismus beglaubigen sie Kants Utopie, daß die bürgerlichen Handelsinteressen der Zivilisation zuarbeiten.

1987 hat Diedrich Diederichsen sich mit der Frage beschäftigt „Wird sich der künftige Konsum von den materiellen Gütern auf zeichenhafte, auf Immaterielles verlagern?".[2] Seiner Meinung nach war der Versuch, über Körpermarkierungen und Kleidungsmarken soziale Identität zu inszenieren, schon damals Opfer einer hausgemachten Inflation geworden, für die er den schönen Begriff der „Weltbedeutungskrise" prägte.

Demnach wäre die „Verschuldung des Zeichens" dafür verantwortlich, daß sich mit einst bedeutsamen Körperzeichen und Kleidermarkierungen schon nach wenigen Jahren keine unverwechselbare Aussage mehr machen, sondern nur noch ein buntes Einerlei veranstalten ließ. Das gilt auch für die Omnipräsenz der Logos, das

Ergebnis einer Marktpolitik, die so viele Volksaktien der Bedeutung ausgegeben hat, daß sie allesamt wertlos geworden sind.

Vordergründig propagiert sie den Gedanken des Markenartikels; in Wahrheit hat sie ihn längst in sein Gegenteil verkehrt. Ursprünglich war er auf die Stofflichkeit der Ware bezogen: Das Markenzeichen bot dem Käufer die namentliche Garantie des Herstellers für die stoffliche Qualität seiner Produkte und ihrer Verarbeitung. Darin wird sich anfangs eine Art bürgerlicher Herstellerstolz auf das Produktionsniveau mit der Erwartung verbunden haben, daß der zufriedene Käufer nach dem aufschiebbaren, aber letztlich unvermeidlichen Verschleiß des Produktes wieder nach der selben Marke fragen und sie womöglich auch der nächsten Generation ans Herz legen würde: Markenartikel machten Werbung durch ihre stoffliche und nicht durch ihre zeichenhafte Produktqualität. Je besser das Material war, desto unaufdringlicher konnte daher der Herkunftsnachweis sein, zumal er vor der Einführung der Selbstbedienung auch noch durch das Verkäufergespräch hervorgehoben wurde.

Die erste Herausforderung für die Idee des Markenartikels war die Ausdehnung der Massenmärkte, auf denen er einen überregional und jederzeit gleichbleibenden Standard zu signalisieren hatte: Markenwerbung wäre sinnlos, wenn Benzin von Shell oder Warsteiner Pils aus Zapfhähnen in Flensburg merklich anders fließen würden als aus solchen in Konstanz. Moderne Ökonomie ist dadurch geprägt, daß eine Ware auf allen Märkten in Erscheinungsbild und Qualität gleichbleibt; bis hin zur globalen Uniformität. Es ist diese weltweite Geltung, die Markenpiraterie an den Peripherien erst interessant werden ließ.

Daher signalisiert das Markenzeichen inzwischen statt einer überzeitlichen eine flächendeckende Verläßlichkeit des Produktes. Zugleich ist seine Bedeutung aber für die Abgrenzung von gleichförmigen Produkten gewachsen und zu seiner eigentlichen Darstellungsleistung geworden: Es ist vielleicht diese symbolische Unterscheidungskraft der Marke, an der die anonymen Logoträger zu partizipieren suchen.

Historisch gesehen stellt der Logo-Exhibitionismus die jüngste Spielart des zeichenhaften Konsums dar. Als eine frühe Form hat Thorstein Veblen für das 19. Jahrhundert den Prestigeerwerb durch den demonstrativen Konsum („conspicuous consumption") beschrieben, den elitären Vorzeigekonsum besonders aufwendiger, teurer, seltener oder alter Güter. Charles Baudelaire und sein Interpret Walter Benjamin zeigten sich dagegen von der gleichzeitigen Entwicklung der städtischen Kleidungsmode beeindruckt: Sie verstand es, mit dem Kult des Neuen eine zwar rein zeichenhafte, aber äußerst effektive Alterung bei den Gebrauchsartikeln einzuführen.[3]

Mochte der elitäre Vorzeigekonsum seinerzeit als der Stil schlechthin gelten, so ist er inzwischen nur einer unter vielen, denn als eine weitere Stufe des zeichenhaften Konsums hat sich nach der Mode eine soziale Binnendifferenzierung durch kurzlebige, aber markante Stilmuster herausgebildet, den „street styles", wie Ted Polhemus sie 1994 anläßlich einer Ausstellung des Londoner Victoria-and-Albert-Museums in einem Buch versammelt hat.[4] Im Gegensatz zum prestigeorientierten Konsum kann der stilorientierte mit einfachen Mitteln auskommen; er kann sogar – wie im Punk – häßliche und wertlose Elemente aufgreifen und vormals marginale Schnürstiefel zu Markenartikeln aufbauen: Der stilorientierte Konsum hat aus dem Nacheinander der Moden die Konsequenz der Gleichzeitigkeit unterschiedlicher *dress codes* gezogen; er hat die zwar nur saisonale, aber sozial übergreifende Zeichenhaftigkeit der Mode in eine unterschiedlich langlebige Markierung subkultureller Vielfalt umgesetzt.

Als Spielart dieser „street styles" hat sich, eher internat- und schulhoflastig, seit den siebziger Jahren ein juveniler Markenartikelkonsum etabliert, der sich auf Güter bezieht, die für ihre jeweilige Funktion eine stellvertretende Prominenz erworben haben. In einer Art Kanon stehen dabei bestimmte Jeansmarken für Jeans schlechthin und eine Sorte Regenjacken für alle, und nur sie dürfen getragen werden. Parallel dazu hat sich die andere Spielart entwickelt, in der das Markenzeichen sich vom Signal für irgendeine stoffliche Qualität oder Marktplazierung völlig entfernt hat und sich als optisches Signal in den Vordergrund spielt, als sozio-dekoratives Konsumbekenntnis.

Bei dieser Entwicklung ist die Kleidung als Leitgattung des modernen Konsums nur bestätigt worden: Im Unterschied zu den häuslichen Konsumgütern ist sie zugleich privat und öffentlich, hautnah und exponiert; anders als die Automarke erlaubt sie einen individualistischen Mix und häufigeren Wechsel. So empfiehlt sie sich als Plakatierungsfläche für Markenzeichen, als Schnittstelle zwischen individueller und kommerzieller Selbstdarstellung.

Gleichwohl ist das traditionelle Konzept des Markenartikels nicht ausgestorben. Vor wenigen Jahren wurde ihm sogar eine Renaissance vorhergesagt: 1996 postulierte Werner Baldessarini in einem Interview mit dem Magazin „Focus" einen Wandel im Verhalten der Konsumenten, die wieder „nach Qualität, nach Wertigkeit" ausgerichtet seien: „Sie kaufen weniger, aber das richtige". Der qualitätsbewußte Konsument, der auf Lebensdauer und subtile ästhetische Qualitäten der Ware Wert legt, hatte Mitte der neunziger Jahre nicht nur in der Modebranche Konjunktur. In seinem Buch „Psychotrends. Das Ich im 21. Jahrhundert" beschrieb der damalige Chefredakteur der Zeitschrift *psychologie heute*, Heiko Ernst, im gleichen Jahr den neuen Konsumententyp, der seltener kaufe, dafür aber qualitätsbewußt und ökologisch inspiriert; in einer Mischung aus Askese und Luxus, die Ernst *Luxese* taufte.[5]

Sie unterscheidet ihn vom Asketen, der den Dingen entsagt, aber auch vom Konsumenten, der mit unterschiedlichem Erfolg durch die Warenangebote irrt und der vielen Dinge, die er dabei aufspießt, oft nicht so recht froh wird. Der Luxuret dagegen soll, wie Oscar Wilde, einen einfachen Geschmack besitzen: Er will immer nur das Beste, und das genießt er dann mit Ausdauer, ohne sich von der Werbung den Spaß verderben und zu neuen Käufen überreden zu lassen.

Wenn von dieser angeblichen Änderung des Konsumentenverhaltens die Rede war, ging es freilich nicht, wie bei Oscar Wilde, um den Dandy, sondern um eine Kombination von Qualität und Eleganz, die man auf Anhieb für gutbürgerlich halten würde: Eine Wiederaufwertung des Gebrauchswertes gegenüber dem oberflächlichen Kaufreiz, der Gebrauchsdauer gegenüber dem schnellen Verschleiß und der Konsumfreude gegenüber dem Kaufrausch, also um eine Art vernünftigen Luxus. Wenn dabei auch noch ökologische Argumente einfließen, die den längeren Gebrauch der Waren als Schonung der Ressourcen ausgeben, ergibt sich eine Mentalitätsmischung, die so sympathisch wirkt, daß man leicht übersieht, wie marginal sie auf dem Markt ist.

Die Beschwörung traditioneller Konsumwerte hat ohnehin kaum moralische, sondern eher kommerzielle Gründe: Der kompetente Konsument ist eine wiederkehrende Hoffnungsfigur für

Märkte in Absatzkrisen: In ihnen fallen diejenigen angenehm auf, die es sich weiterhin leisten können, ihre Standards zu halten und nicht nur regelmäßig, sondern auch teuer zu kaufen, „hochpreisig", wie es der Markt mildernd umschreibt. Absatzkrisen auf Massenmärkten lassen den Edelkonsumenten prominent werden, weil das kleinbürgerliche und proletarische Gewimmel drumherum vorübergehend etwas nachläßt.

Sein Leitbild führt aber aus der Krise kaum heraus; von ihm profitieren nur die teuren Qualitätsanbieter, wie Baldessarini selbst. Der angebliche Wandel des Konsumverhaltens ist vor allem Werbung für ein gehobenes Marktsegment, also ein weiteres Image. Mit ihm schmeichelt man einer bürgerlichen Konsumelite mit der falschen Auskunft, sie sei tonangebend, was sie längst nicht mehr ist – wozu nicht zuletzt die Bekleidungsindustrie selbst beigetragen hat: Die Beschwörung des kompetenten Konsumenten ist kapitalistische Produktionsromantik für Nischenmärkte. Ist die Geldknappheit der „Konsumproletarier" (Kurt Pritzkoleit) wieder behoben, dann geht es so weiter wie zuvor, und das Phantom des kompetenten Konsumenten verliert sich wieder im Logogewühl der Fußgängerzonen.[6]

Dieses Gewühl erlaubt nur ein unscharfes Bild des Konsumgeschehens und seiner Protagonisten: Der Konsument ist ein ziemlich unbekanntes Wesen, auch wenn er massenhaft in Fußgängerzonen und Kaufhäusern aufzutreten pflegt. Die historische Forschung erhellt seine Vergangenheit erst seit kurzem, aber kaum ein Philosoph kümmert sich um ein moralisch neutrales Urteil über sein Treiben; keine ökonomische Theorie interessiert sich dafür, was er mit dem Gekauften schließlich anstellt, und bis vor kurzem war er auch der Kulturgeschichte noch ziemlich gleichgültig.[7]

Es gibt vor allem zwei Situationen, in denen der Konsument auf ein intensives Interesse stößt: Bei der Planung eines neuen Produktes, wenn Name und Marktprofil durch Umfragen getestet werden, und wenn er ausbleibt. Manche Branchen beschäftigen sich ja erst dann ernsthaft mit ihrem Konsumenten, wenn er nicht mehr kauft, und das kann dann zu spät sein, wie es etwa die Hutindustrie in den sechziger Jahren erfahren mußte.[8]

Aber auch, wenn man sich rechtzeitig um ihn kümmert, bleibt der Konsument eine schwer berechenbare Erscheinung. Nie läßt sich genau vorhersehen, was er kaufen wird, wieviel, und wie lange er sich damit zufrieden gibt. Vorsichtshalber verordnet die Werbung seinen Wünschen daher Konturen, an denen er sich orientieren kann und soll; erst dadurch entsteht aus vielen unberechenbaren Einzelpersonen ein halbwegs kalkulierbarer Markt, der sich in einem gewissen Handlungsspielraum regulieren – oder, wie man in den späten sechziger Jahren sagte, manipulieren – läßt.

Das Zeichenhafte bietet in der Tat eine hervorragende Einflußmöglichkeit auf das Kaufverhalten; entsprechend prominent ist seine Bedeutung in einer Konsumtheorie, die im Unterscheidungsgewinn das letztlich entscheidende Kaufmotiv erblicken will. Von Veblens Klassiker bis zu Paul Fussells „Wegweiser durch das amerikanische Statussystem", von Roland Barthes' semiotischen Ekstasen über Pierre Bourdieus soziologischen Differenzierungskult bis zu Jean Baudrillard hat dieser Gedanke die Konsumtheorie so durchtränkt, daß sie darüber den stofflichen Gebrauchswert der Ware aus den Augen zu verlieren droht und manchmal kurz davor zu sein scheint, ihn vollends zu leugnen.[9] Auch die zeitgenössische Literatur hat diese Thematik aufgegriffen: Brent Easton Ellis und Stephen King lassen manche ihrer Figuren so im Kontext einer durchetikettierten Warenwelt agieren, daß diese als das letzte Reservat einer zeichenhaft vermittelten, allgemein gültigen Sinngebung erscheint.

Man könnte darin ein wissenschaftliches und literarisches Äquivalent zur Logo-Inflation der Fußgängerzonen erblicken, eine Monomanie der Betrachtungsweise, bei der die semantischen Aspekte des Konsums überschätzt und die gebrauchsästhetischen unterschätzt werden. Sie müßte ein dankbares Publikum in der „Generation Golf" finden, die bereits komplett durch die Schule der Markenprägung gegangen ist und dort ihre Unterscheidungskompetenz zu verfeinern lernte. Die in den neunziger Jahren entstandenen Konsumbiographien von Christian Kracht oder Florian Illies sowie das Gruppengespräch „Tristesse Royale" belegen jedenfalls, daß der zeichengeprägte Konsum erneut als Abgrenzungskriterium einer nachrückenden Generation beansprucht wird, als Staffage einer Persönlichkeit, die auf politische Identifikationsangebote dankend verzichtet, genau darin aber die kulturelle Deutungshoheit reklamiert.[10]

Die Betrachtungen dieses Buches orientieren sich weniger an der Zeichenhaftigkeit des Konsums als an seinem Charakter einer elementaren Beziehung zwischen Mensch und Ding: Es geht nicht um die Schönheit oder Sinnhaftigkeit der Warenerscheinung, nicht um ihre Markenzeichenwelt, sondern um die Sinnlichkeit der stofflichen Auseinandersetzung – die manchmal beseligende, manchmal enttäuschende Direktheit des Kontaktes mit den Dingen und Gütern. Diese eher handgreifliche Ästhetik soll nicht den herausragenden Wert in Abrede stellen, den Zeichen jedweder Art für das Konsumgehabe besitzen; einzelne Essays sind ausdrücklich der Mythenwelt gewidmet, die Teil des Konsumhorizontes geworden ist. Aber vor allem geht es um die häufig heruntergespielte und vernachlässigte, jedenfalls selten ausgelotete Bedeutung des Konsums als einer stofflichen Interaktion, also weniger um die kommerziell inszenierte als vielmehr um die existentielle Seite des Konsums.

Die Ware Erlösung

Kleine Apologie des Konsums

Weil er die Dinge, die er besitzt, nicht benutzt, sondern nur bestaunt und ansonsten schont, gilt der Sammler als Sachwalter der kultivierten Objektbeziehung. Sein Gegenspieler ist nicht etwa der Händler, der ihn versorgt und leichten Herzens sich von allen Kostbarkeiten trennt, sondern der Konsument, der die Dinge einfach verbraucht. Sein Ansehen ist beinahe noch geringer als das des Vandalen. Seit den Verzichtslehren der Antike und der frühchristlichen Weltflucht hat das Vergnügen, die Dinge zu verbrauchen, sich nicht mehr von seinem schlechten Ruf erholen können.

„Nichts wird in den modernen Konsumgesellschaften so gerne konsumiert wie die Kritik am Konsum", urteilt Boris Groys in seinem Essay „Der Wille zur totalen Produktion": „Bloß zu konsumieren scheint moralisch verwerflich zu sein – in erster Linie soll man produzieren, schaffen, kreativ sein. Die negative Beurteilung des Konsums findet quer durch fast alle ideologischen Grenzen Zustimmung. Feinde der Marktwirtschaft verurteilen sie, weil sie nur dem Konsum diene. Aber auch Freunde der Marktwirtschaft sehen in der Orientierung am Konsum und im Verlust der Arbeitsethik eine Gefahr. Sie alle bewerten den Konsum als etwas Unwürdiges, gegenüber der Produktion Minderwertiges".

Zuletzt hatte die Studentenbewegung in ihrer populären Kritik der Konsumgesellschaft marxistische mit kulturpessimistischen Tonlagen vereint und Pier Paolo Pasolini mit seinen „Freibeuterschriften" einen vielbeachteten neoromantischen Angriff auf den *consumismo* unternommen; seine Behauptung, daß „überflüssige Güter das Leben überflüssig machen", traf den Nerv eines unterschwelligen Unbehagens im Wohlstand.

Freilich halten solche Parolen nicht davon ab, auch weiterhin kräftig zuzulangen. Der langen Tradition der Verzichtsmoral hat ja nur ausnahmsweise auch eine Praxis der Askese entsprochen – die Verführungen der Welt haben bislang noch fast jede Bewegung ereilt, die sich der Enthaltsamkeit verschrieb. Gerade die Studentenbewegung war eindrucksvoll darin, wie nonchalant sie ihre Opposition gegen den Konsumterror mit generationsspezifischen

Genußalternativen zu verquicken wußte; die theoretische Ächtung der Warengesellschaft schloß klammheimliche Konsumfreuden eben nicht aus.

Aber bekanntlich widerlegt eine schlechte Praxis nicht die Schlüssigkeit von Argumenten, und so hat man im Arrangement der asketischen Kritiker mit den opulenten Verhältnissen weniger ein Anzeichen bequemer Bigotterie zu erblicken, als vielmehr ein Indiz der Randständigkeit jedes konsumkritischen Gedankens in der Warengesellschaft: Moral wird zwangsläufig ornamental, wenn sie den gesellschaftlichen Alltag nicht durchdringen kann.

So hat sich an der Konsumgesellschaft seither nur geändert, daß ihr Warenverschleiß intensiviert und beschleunigt worden ist: Die Berge von Spielzeug, Kleidungsstücken, Möbeln oder Elektrogeräten, die jedes Jahr hergestellt werden, scheinen nur abgetragen zu werden, um auf ewig die Müllgruben zu füllen. Dazwischen liegen nur wenige Jahre eines zerstreuten Gebrauchs, wobei man in Rechnung stellen muß, daß Zwischenlager in Garagen, Kellern und Speichern, wo die ausgemusterten Dinge auf ihren finalen Transport warten, die Statistik noch beschönigen. Denn die Industrialisierung hat nicht nur die Produktionszeit der Konsumgüter, sondern auch ihre Lebensdauer verkürzt.

Dafür war nicht allein die Absicht der Hersteller verantwortlich, das Verfallsdatum vorzuverlegen, sondern auch die Abneigung der Konsumenten, es überhaupt noch abzuwarten. Selbst die regelrechten Verbrauchsgüter werden nicht mehr aufgezehrt, wofür Tonnen von Medikamenten sprechen, die jährlich den Weg allen Unrats nehmen. Daher argumentiert die inzwischen maßgebliche Kritik des „Homo comsumens" seit Wolfgang Schmidbauers gleichnamigem Buch von 1972 auf neue Weise, nämlich ökologisch: Die Knappheit der Ressourcen und die Entsorgungsprobleme des Mülls haben der Konsumkritik neuen Auftrieb und eine unbestreitbare Legitimität gegeben.

Der Hinweis auf das skandalöse Gefälle zwischen den wenigen reichen und den vielen armen Ländern ergänzt die ökologische Beweisführung, und so bedarf es nicht mehr der traditionellen Argumente, um den Verbraucher zu irritieren: Er gilt nicht länger als Konsument, sondern als Vergeuder, und auf jedem seiner Einkäufe lastet das schlechte Gewissen, nicht mehr genau sagen zu können, was eigentlich zur unverzichtbaren Ausrüstung eines Lebens gehört, das nicht auf Kosten eines anderen – gleichzeitigen oder künftigen – gelebt werden soll.

Somit ist das Schmähwort von der Konsumgesellschaft längst ein irreführender Euphemismus. Versteht man unter Konsum nämlich nicht den Erwerb oder die Vergeudung, sondern, im zutreffenden Sinne, den Verbrauch von Gütern, dann lassen sich unsere Verhältnisse nicht als die einer Konsumgesellschaft ansehen, denn eine solche würde den Gebrauchswert ihrer Produkte respektieren, optimieren und ausschöpfen, statt sie als Müll zu verprassen.

Wenn es so etwas wie eine Konsumgesellschaft je gegeben hat, dann dürfte das 19. Jahrhundert ihr am nächsten gekommen sein: Es hat die verführerische Mythologie des Konsums entwickelt, die das 20. Jahrhundert als Werbung säkularisierte, und eine subtile philosophische Kritik der Ware hervorgebracht, von der es sich freilich nicht die Freude verderben ließ: In seiner imperialen Selbstsucht war es gegen die heute üblichen Skrupel geradezu imprägniert und zählte die Warenkunde daher zu den Schulfächern. Einen Leitfaden durch den Kosmos der zunehmend industriell verfertigten oder weltweit importierten Güter anzubieten, war damit einem Jahrhundert selbstverständlich, dessen Warenangebot doch noch ausgesprochen übersichtlich gewirkt haben muß.

Heute entläßt man dagegen die Schüler auf den Konsumgütermarkt, ohne ihnen jemals eine kulturgeschichtliche oder auch nur lebenspraktische Einführung auf den Weg gegeben zu haben. Entsprechend sind die Resultate. Wie beziehungslos Menschen, auch gebildete, zwischen den Dingen ihrer Lebenskulisse herumgeistern können, wie unachtsam sie diese auswählen oder mißhandeln, das hat den Anflug eines Elends, das nur der Reichtum produzieren kann.

Dagegen sind sich, von der Romantik bis zum Fin-de-siècle, die Schriftsteller des 19. Jahrhunderts nicht zu schade gewesen, die neue Konzeption des Glücks aufzugreifen, die der Warenkonsum darstellte. Der Jugendstil pointierte dann zum Jahrhundertende ein letztes Mal die Dingseligkeit dieses „irdischen Paradieses“ (William Morris), und genau im letzten Jahr erschien, wie ein Résumé seiner Konsumseligkeit, das Buch „Theorie der feinen Leute“, in dem Thorstein Veblen seinen bissigen Begriff des Geltungskonsums entwickelte.

In diesem Paradies muß die Lebensdauer von Käufer und Objekt noch in einer günstigeren Korrespondenz gestanden haben als im

Fall des modernen Vergeuders, der sich, frei nach Camus, ans Wegwerfen gewöhnt, bevor er sich ans Denken gewöhnt. Der lebenslange Umgang mit sorgfältig ausgewählten und bewußt gehandhabten Gebrauchsgütern war der Idealzustand der Konsumgesellschaft. Noch in Adornos Kritik des Massenkonsums scheint jene verblühte Objektkultur gegenwärtig, in der sich aristokratisches Gespür für Form mit bürgerlichem Respekt vor dem Produkt mischten.

Die Symbiose aus feudaler und bürgerlicher Objektkultur, aus handwerklicher Unikatästhetik und beginnender Massenproduktion, währte nicht lange; der Werkbundstreit von 1914 und die Schließung des Bauhauses 1933 waren Stationen ihres Niedergangs. Sie muß auch nicht über Gebühr idealisiert werden, denn dem klassizistisch-eleganten Aufbruch des Biedermeier war schon die opulente Ratlosigkeit des Historismus und eine Routine marktwirtschaftlicher Geschmacklosigkeiten gefolgt. Doch bleibt die Faszination einer Welt, in der Konsumgüter noch nicht auf Anhieb als potentieller Müll angesehen werden mußten.

Mit dem 19. Jahrhundert ist dann weitgehend verschwunden, was den Ruf des Konsums verdiente, und es hat diese Entwicklung selbst vorausgesehen. Bereits 1844 lieferte Adalbert Stifter – ausgerechnet, möchte man sagen, aber gerade er war dazu prädestiniert – das Bild eines Kaufsüchtigen, vermutlich des ersten in der Literaturgeschichte, der vor lauter Erwerbsgier nicht mehr zum Konsumieren kommt: Sein Tiburius Kneight aus der Erzählung „Der Waldsteig" läßt sich Tabakspfeifen, Ledermöbel, Lesepulte, Uhren und andere Waren in einer Zahl in seinen ländlichen Wohnturm liefern, die jedem Gebrauch spottet. Für jeden Monat besitzt er einen eigenen Schlafrock und für jeden Tag des Jahres einen anderen Spazierstock; die Möbel können wegen Überfüllung überhaupt nicht mehr aufgestellt werden, die Musikinstrumente kann er gar nicht spielen.

Stifter läßt seinen Sonderling die Waren wie Fetische kaufen, die ihn vor der räumlichen Leere der Einsamkeit retten sollen, und parodierte so bereits früh einen Warenfetischismus, dessen erkenntnistheoretische Aspekte der damals erst 26jährige Karl Marx noch gar nicht analysiert hatte. Der Fehler von Stifters Witzfigur besteht freilich vor allem darin, daß sie den Herausforderungen des Warenangebots als Sammler begegnet, nicht als Konsument. Es unterscheidet beide, daß der eine seine Schätze nebeneinander genießt, der andere für seine Waren aber nur nacheinander Verwendung hat – der Konsument Tiburius Kneight kennt seine moderne Rolle noch nicht.

Auf die über die Provinz hereinbrechende Konsumgesellschaft ließ Stifter seine Figur provinziell antworten, denn Kneight ersteht seine entgleisenden Konsumgüter, indem er sie aus Katalogen bestellt und anliefern läßt. Die Schaufenster, Passagen und Warenhäuser, die Stifters Jahrhundert hervorbrachte, die urbane Inszenierung des Kauferlebnisses, die Walter Benjamin später beschäftigen sollte, tauchen in Stifters kritischer Provinzidylle noch nicht auf. Sie sollten für die weitere Entwicklung der Kaufsucht allerdings von entscheidender Bedeutung sein.

Denn betrachtet man die Entwicklung von der Konsumgesellschaft des 19. Jahrhunderts zur Wegwerfgesellschaft unserer Tage, dann erscheint die Inszenierung des Kauferlebnisses als die ausschlaggebende Veränderung: Die Werbung stimmt den potentiellen Käufer schon frühzeitig auf das Kaufen ein, das als Glückserfahrung dem Besitzen längst den Rang abgelaufen hat. Diese Umwertung setzt sich im Ambiente des Kaufaktes fort, das die gestalterische Raffinesse von professionellen *Display-Designern* verrät: Kein Detail am *sales point* ist zu unwichtig, um den zaudernden Interessenten in die Enge der Kaufentscheidung zu treiben; das Glas Champagner bei der Konfektionsanprobe ist nur das sinnfälligste, weil plumpeste Mittel der Bestechung.

Die Verkehrswege in die lichterstrahlenden Konsummeilen der Stadtzentren präludieren dem Erlebnis. Traditionell gehört die Reise zur Ware und der gemeinsame Heimweg zur Pilgerfahrt des Konsumenten. Im Vergleich zu früher sind die Wege zwar kürzer, dafür garantieren die Verkehrsverhältnisse intensive Erlebnisse, die Ausfahrt erhält den Anflug eines Abenteuers, das sich um Staus, Drängeleien und Parkplätze dramatisiert.

Das Glück des Kaufes vollendet sich schließlich, wenn der Streß von Entschluß und Reise durchgestanden und das Objekt über die Schwelle getragen, ausgepackt und an den Platz gerückt worden ist, an dem es das Leben oder auch nur die Wohnung des Käufers teilen soll. Diesseits der Schwelle verliert es auf zauberische Weise seinen Warencharakter und nimmt sich nach der Entfernung des Preisschildes als plausibles Inventarstück der Lebenskulisse aus, in der unsere Existenz sich in Szene setzt.

Doch glückt diese Umwandlung nicht immer. Denn mit der Heimbringung beginnen die wahren Probleme des Konsums: Nun muß der Gebrauchswert des Objektes sich in Konkurrenz zu dem Symbolwert behaupten, den Werbung und Kaufinszenierung ihm angedichtet haben. Verfliegt deren Charme, und läßt er sich durch Nutzerphantasien nicht kompensieren, ist der Gebrauchswert zwangsläufig eine Enttäuschung, der sich der geübte Verbraucher seufzend ergibt, um sein Heil wenig später in einer anderen Abteilung der Konsummeile zu suchen.

Selbst dann, wenn der Gebrauchswert des Objektes halten sollte, was nicht die Werbung, aber der Käufer sich davon versprochen hatte, bleibt die Zufriedenheit des Konsums eine brüchige Angelegenheit. Sie muß nun gegen alle weiteren Versprechungen durchgehalten werden, welche die Werbung dem Besitzer über neue und bessere Dinge gleicher Funktion aufdrängt: Mit der Kaufentscheidung sind die Alternativen ja nicht ein für allemal erledigt worden, sie bleiben vielmehr weiterhin gegenwärtig – das unterscheidet die amüsante Reklame des 19. Jahrhunderts von der totalitären Propaganda unserer Tage, die darauf drängt, die einmal erworbenen Güter so schnell wie möglich alt aussehen zu lassen.

Erleichterung greift oft erst dann wieder Raum, wenn sich schließlich ein Vorwand findet, das einst begehrte Objekt wegzuwerfen, zur Sperrgutabfuhr hinauszustellen oder, zeitgemäß, an Aussiedler weiterzureichen. Wenige Verbesserungen an den als neu angepriesenen und wenige Spuren des Gebrauchs an den alt gewordenen Konsumgütern reichen aus, um den Nutzungskontrakt zu lösen. Spätestens dann zeigt sich, wie sehr die aufwendig organisierte Überschätzung des Kauferlebnisses den Konsumgütern zum Nachteil ausschlägt: Sie werden überhaupt nicht mehr konsumiert, sondern allenfalls angetastet. Wie ein nur einmal angebissener Apfel werden sie weggeworfen; der Kreis schließt sich, und der nächste Kauf kann beginnen.

Als markantes Symptom für die moderne Begünstigung des Kauferlebnisses hat sich der Kaufrausch einen festen Platz unter den zeitgenössischen Süchten sichern können. Indiz für seinen epidemischen Charakter ist die enorme Verschuldung der Privathaushalte, die mit geschätzten 400 Milliarden in der BRD auch die Erwartungen jener überschreitet, deren eigene Konten ständig an der Dispo-Grenze schlingern. Der auf einer Einkaufstasche aufgedruckte Spruch der New Yorker Künstlerin Barbara Kruger „I shop therefore I am" pointiert die unbewußte, aber weitverbreitete Alltagsphilosophie; mit „Buy me, I'll change your life" hat sie die endlose Vorlust des Neuen auf eine ebenso prägnante Kurzformel gebracht.

Für die komplementäre Hinfälligkeit der Dinge fehlt hingegen der Blick: Das Altern der Dinge gehört nicht zu den bevorzugten Topoi der Moderne, sondern war ihr von vornherein eine Horrorvorstellung; nur die surrealistisch inspirierte Flohmarktästhetik hat angejahrten Gegenständen einen Noteingang ins Alltagsleben offen gehalten. Mit Verwunderung betrachtet der Zeitgenosse daher Verhältnisse, in denen die Dinge, ungeachtet oder gerade wegen der Patina ihrer Gebrauchsspuren, bis zur Neige verbraucht werden. Es sind Verhältnisse, auf die man noch im Urlaub stoßen kann, selbst im Einflußgebiet der Europäischen Wirtschaftsgemeinschaft.

In ländlichen Traditionen regionaler Unterentwicklung oder stolzer Selbstversorgung sind Beispiele lebenslanger Kumpanei zwischen Verbrauchern und ihren Dingen zu erleben, die unser nostalgisch borniertes Verständnis prompt als Vorbilder des Konsumverzichts feiert, wo sie doch gerade solche des geglückten Konsums sind. Oder im Heimatmuseum, wo man angesichts einer zerbrochenen Porzellanschale, die ein darauf spezialisierter Flickmacher einst mit Metallklammern für den weiteren Gebrauch präparierte, der Fülle von Geschirr inne wird, die man schon bei geringerer Beschädigung eigenhändig in den Müll befördert hat. In ethnologischen Dokumentarfilmen löst jede scheinbar primitive Objektkultur Faszination aus, weil sie unserer Verschwendung ein Bild der Dauerhaftigkeit im Umgang von Mensch und Ding entgegensetzt, wie man es heute nur noch vom Sammler kennt. Und in den Möbeln der Shaker wird nicht nur deren elegantes und bestechend plausibles Design bewundert, sondern auch die Aura gesucht, die der lebenslange Gebrauch über Generationen hinweg dem Konsumgut zu verleihen vermag.

In unseren Breiten ist diese Aura nur noch in aristokratischen und großbürgerlichen Reservaten anzutreffen, wo der unverdrossene Gebrauch der Erbstücke nicht nur eine Reverenz an deren handwerkliches Niveau, sondern auch eine herablassende Resistenz gegen die Verlockungen der Marktwirtschaft belegt. Hier gibt es noch den Konsumenten als „curatorial consumer", als Kustos der Dinge, wie ihn Hugh McCracken analog zur Rolle der Patina als Statussymbol untersucht hat. Gelangen solche Möbel schließlich doch auf den Markt, weil ihren Besitzern das Geld oder die Haltung ausgeht, so erwirbt sie der bürgerliche Antiquitätenkäufer nicht nur wegen ihrer Form, sondern auch wegen der in ihnen kondensierten Haltung, die er sich selber mangels Erbmasse nur erkaufen kann.

Was man in entlegenen Kulturen als Ausdruck der Einfachheit bewundert, die gemeinsame Ausdauer von Dingen und Menschen, ist in unserer Gesellschaft nämlich auch lebendig geblieben, und zwar nicht allein unter Sammlern. Als eine neue Erscheinungsform des Luxus ist auf Nischenmärkten der Typus des bewußten Konsumenten reaktiviert worden. Dieser wird von einer Markenartikelwerbung hofiert, die gerade solche Eigenschaften in den Vordergrund stellt, welche die moderne Verschleißwirtschaft fleißig verpönt hatte. Sie propagiert das gediegene und solide, durchdachte und sinnfällige Produkt, hergestellt aus auch dem Ästheten zumutbaren Materialien und für einen lebenslangen Gebrauch geeignet, kurz: der Traum aller wahren Konsumenten. Nicht unwahrscheinlich, daß sich unter ihnen auch manche Konsumkritiker der rebellischen Generation befinden, die inzwischen in die Jahre und zu Geld gekommen sind und aus ihren ökologischen Einsichten aparte Konsequenzen ziehen. Gegen die billigen Oberflächenreize der „Warenästhetik" ohnehin gefeit, zählen sie zu den Protagonisten einer gehobenen Verbrauchskultur, die einen ökologischen Edelmarkt nicht nur bei den Lebensmitteln, sondern auch bei Konsumgütern begünstigt.

Eine anwachsende Designliteratur liefert dem neuen Luxuskonsum seine Coffee-table-books und erschließt dem Heer der Ahnungslosen ein historisches Universum der guten Form. Überhaupt war die Designwelle der achtziger Jahre ein nachdrücklicher Beleg für eine Änderung des Konsumverhaltens: Der Erfolg, den Reproduktionen von Möbel- und Teppichentwürfen des Jahrhundertbeginns fanden, artikulierte den Respekt vor einem Gestaltungsaufwand, der sich noch nicht damit begnügt hatte, das Kauferlebnis nur um wenige Wochen zu überstrahlen.

Hinzu kam eine gänzlich unmoderne und daher der Postmoderne zuzuschlagende Sehnsucht nach ungealtertem Alter, wie sie der Antiquitätenmarkt nicht befriedigen kann: Mit historischer Garantie gaben die lizensierten Möbel- und Teppichreproduktionen moderner Klassiker die Gewähr, die Kaufentscheidung auch nach Jahren noch durch Benutzbarkeit und Schönheit zu rechtfertigen. An die Stelle des Symbolwerts eines reinen Prestigeproduktes trat somit die Ausdauer des Gebrauchswerts, der inzwischen freilich auch Symbolwert hat.

In dieses Bild paßt ein Versandhaus, das unter dem Motto „Es gibt sie noch, die guten Dinge" seit Jahren ein bemerkenswertes Sortiment aufgebaut hat, das dem Schönen, Wahren und Guten im Reich der Gebrauchsgüter gewidmet ist. Von der persönlich gehaltenen Einleitung bis in die Warenbeschreibungen hinein findet der Katalogleser eine seriöse und gediegene Prosa des Material- und Gebrauchswerts, die in der Werbewelt ihresgleichen sucht.

Nirgends sonst trifft man auf diese Ballung funktionaler Schönheit mit einem angenehmen Überschuß traditioneller Ästhetik, den eine konsumistische Erlösungsprosa ins rechte Licht zu rücken weiß. Wie Salbe lindert sie das Leiden an der Häßlichkeit der modernen Warenkultur, und das Panorama der abgebildeten Güter läßt den Betrachter in einer Qualitätsverdichtung schwelgen, der er wehrlos ausgeliefert wäre, würde nicht auch hier der geflügelte Werbespruch zutreffen, demzufolge es schon immer etwas teurer war, einen besonderen Geschmack zu haben. Das Credo des Dauerhaften und Erprobten ist die fortlebende Utopie des Konsums in der Vermüllungsgesellschaft, der Vittorio Magnago Lampugnani sein Buch „Die Modernität des Dauerhaften" gewidmet hat.

Als Zeugnis handwerklicher Kompetenz und in der Ausstrahlung ihres gediegenen Materials können Gebrauchsgüter in der Tat die Qualität eines seelischen Naherholungsgebietes entwickeln. Sie sind zwar in den Alltag eingebunden, doch nie ständig vor Augen, so daß der unvermutete Blick, der sie trifft, auf ihnen Station machen kann, um sich, gleichsam grüßend, des geglückten Erwerbs oder der ausdauernden Präsenz zu erfreuen. Die verläßliche Wiederkehr der erworbenen Dinge in der Alltagswahrnehmung stiftet Fixpunkte einer Wunschidentität, mit der sich die alltägliche durchwirken läßt: Konsum ist eine Fiktion in der Sprache der Dinge.

Die Korrespondenz zwischen den Dingen und ihren Besitzern gipfelt in einer Vorstellung, die als Geschmack firmiert: Daß Dinge zu Menschen *passen* können, ist in der Tat eine beglückende ästhetische Erfahrung. Sie bringt einen geistigen Glanz der Dinge zur Geltung und besitzt ihre soziale Bedeutung darin, daß sie den Schenkenden inspiriert. Dessen Figur hatte Adorno unter die kulturellen Opfer der Verschleißgesellschaft gezählt, mit Recht. Man entledigt sich der Aufgabe des Schenkens wie eines lästigen Termins, von dem sie ja auch diktiert wird, und bestätigt in massenhaften Fehlgriffen, wie schnell die Verschleißgesellschaft nicht nur die ökologischen Ressourcen, sondern – was eifernden Konsumkritikern zu entgehen pflegt – auch die kulturellen Vorräte angegriffen hat.

All die mißratenen Gaben, die den wahren Tiefpunkt der Konsumkultur markieren, verraten weniger die schuldhafte Nachlässigkeit des Schenkenden als sein Unvermögen, Korrespondenzen zwischen Dingen und Menschen aufspüren zu können. Denn die beliebte Ausrede, der zu Bedenkende habe schon alles, stimmt ja nie. Selbst in unserer Verschwendungsgesellschaft tritt dieser Fall nicht ein, es läßt sich nur nicht mehr so leicht erraten, was fehlt – überflüssige Güter, wenn es sie denn geben sollte, machen nicht das Leben überflüssig, wohl aber das Zusammenleben kompliziert. Und so ist das gelungene Geschenk der Prüfstein der sozialen Zuneigung im Labyrinth der Waren: Als Opfer der Freundschaft dient es nicht ihrem sprichwörtlichen Erhalt, sondern macht sie überhaupt erst aus.

Deshalb beschenkt man sich selbst am besten, und das macht die wahre soziale Öde des Warenerwerbs aus, übertroffen nur noch von den Umtauschorgien der Fehlbeschenkten oder der Empfehlung einer Kreditkartengesellschaft, doch lieber gleich ihr Produkt, also Kaufkraft pur, zu verschenken. Wie man sich selbst beschenkt, das haben den Verbrauchern in den letzten Jahrzehnten Unternehmen beigebracht, die das Prinzip des Versandhandels von den unspektakulären Artikeln des täglichen Gebrauchs auf solche des gehobenen Kultur- und Identitätskonsums verlagerten, auf Bücher und Schallplatten, Grafiken und Videos.

Das Geheimnis ihres Erfolges besteht darin, daß man bei Erhalt ihrer Päckchen schon wieder vergessen hat, was eigenhändig bestellt worden war, und so im Auspacken das Erlebnis einer gelungenen Selbstüberraschung organisieren kann, bei der jede Enttäuschung ausgeschlossen ist: Wenn man auch die Bestellung vergessen hat, darf man doch sicher sein, daß niemand so gut wie man selber weiß, was man sich wünscht.

Natürlich hat auch das eingeübte Konsumglück Grenzen, und die werden nicht nur durch das Verfallsdatum der Güter gesetzt. Eine andere Figur aus der Literatur des 19. Jahrhunderts hat sie erkundet, nämlich Joris-Karl Huysmans Romanheld Des Esseintes, der in die heroische Einsamkeit des Nobel-Konsums emigrierte. Doch seine von langer Hand vorbereitete Flucht in den ausgeklügelten Luxus erbrachte nicht das erwartete Glück, und so kehrte dieser symptomatische Held des 19. Jahrhunderts schließlich erleichtert aus der menschenleeren Intimität seines Dingrausches zurück in die häßliche und unruhige Stadt. Er hatte das „Elend des Schönen" am eigenen Leibe erlebt, das Rainer Gruenter in seinem gleichnamigen Buch als den ästhetischen Preis der Säkularisierung ausgemacht hat, und in der Tat konvertierte Huysmans schließlich zum Katholizismus.

Sein Protagonist war bei dem Versuch, aus einer Kunstreligion eine des Konsums zu machen, nicht an unvorhergesehenen „theologischen Mucken" der Ware (Karl Marx) gescheitert, sondern an dem ganz banalen Irrglauben, es könnte alle Tage Sonntag sein. Nur im Kontrast zur Arbeit profiliert sich aber das bürgerliche Glück des Konsums, und die Knappheit der Mittel ist seine unverzichtbare Würze.

Noch in einer anderen Hinsicht ist das Scheitern von Des Esseintes aufschlußreich. Denn es ist ja kein Zufall, daß Huysmans und Stifter ihre Konsumutopien an Einzelgängern durchexerzieren, vielmehr liegt ein misanthropischer Zug in fast allen Hoffnungen, die sich auf die Dinge richten. Mit der stummen Verläßlichkeit ihrer gelungenen Formen sollen sie nicht nur dem Chaos des Lebens, sondern auch der Häßlichkeit der Gesellschaft, der erwiesenen Unerträglichkeit der meisten Mitmenschen, abhelfen. Damit ist die Lebensgemeinschaft der Dinge mit dem Menschen freilich heillos überfordert.

Weder im Kaufrausch noch im Luxus winkt, wie Stifter und Huysmans ihren Zeitgenossen beweisen zu müssen glaubten, die Erlösung. Redet man heute über religiöse Dimensionen des Konsums, so denkt freilich kaum jemand noch an Erlösung, eher schon an die Terminkidate des Kirchenjahres. Und in der Tat: Ausgerechnet zu dem Fest, das die Geburt einer epochalen Erlöserfigur feiert, eskaliert die Konsumheilssuche, und man erkennt in ihr plötzlich ein heidnisches Ritual, das unter dem Deckmantel christlicher Festtage erstarken konnte. Wenn der gottlose Existentialismus des 20. Jahrhunderts sich den einfältigen Religionen überlegen glaubte, weil er kein Ritual pflegte, so befand er sich im Irrtum, denn an Stelle einer Meßfeier oder Pilgerreise ist der Kaufrausch sein Ritual geworden, ein Kult panischer Weltlichkeit.

Sein Zauber ist simpel: Der ökonomische Vitalitätsbeweis des Erwerbs ist zugleich ein momentanes Lusterlebnis wie auch ein Wechsel auf die Zukunft – der Gütererwerb wird von der unbewußten Annahme beflügelt, noch genügend Lebenszeit zum Verbrauch zu haben. Als ob in der Garantiezeit der Güter auch der Sensenmann nicht zu seinem Recht gegenüber ihrem Besitzer kommen würde, verbindet der Käufer seine Lebenserwartung mit der von Dingen. Je kürzer das Leben dieser Dinge ist, desto länger wird das Schicksal ihrer Besitzer. Darin kamen die zynischen Vordenker der „planned obsolescence" einer Zielgruppe entgegen, die auch im Wegwerfen noch ihre Vitalität feiern möchte.

In einer spezifisch modernen Leugnung des Todes verschafft sich der habituelle Käufer materielle Vorwände zum Weiterleben und genießt die Macht, die Lebensdauer der Dinge vor seinem eigenen Ende beenden zu können. In den grafischen Bildfolgen des Spätmittelalters, in denen der Tod sich seine Opfer unter Bischöfen und Huren, Kaufleuten und Damen, Soldaten und Wöchnerinnen sucht, den Totentänzen, fehlt sein Bild; doch wird auch er nicht verschont.

Das Entgegenkommen der Dinge

Versuch über den Gebrauchswert

„Am 17.Oktober 1961, 15 Uhr, trafen wir uns im Englischen Garten und diskutierten über den Fehlschluß von Marx, der den Gebrauchswert mit dem Gebrauchsgegenstand identifiziert und dadurch dem Menschen seine spielerische Befreiung vorenthält."[1] Was für eine Idylle! Die Maler Heimrad Prem, Helmut Sturm und H.P. Zimmer sowie der Bildhauer Lothar Fischer, allesamt Nachkriegs-Absolventen der Münchener Kunstakademie, sitzen mit „Schwabings Stargammler" Dieter Kunzelmann im Grünen und nehmen sich die Zeit, einen Marxschen Irrtum zu korrigieren.

Sie bilden die Künstlergruppe „Spur" und sind mit ihren Aktivitäten Vorboten einer Studentenrevolte, die bald auch in anderen Metropolen auf sich aufmerksam machen sollte und in deren Berliner Version Kunzelmann zu einer zentralen Figur wurde. Die Gruppe Spur war eine deutsche Filiale der Situationisten und damit Teil einer Bewegung, in der Ästhetik und Marxismus sich näher standen als irgendwo sonst außerhalb des Frankfurter Instituts für Sozialforschung. Wie dessen Protagonisten Horkheimer und Adorno verknüpften die Situationisten marxistische Theoreme mit kulturtheoretischen Fragestellungen, und zwar nicht im Hinblick auf eine verbindliche Parteilinie der Künste, sondern auf ihre Brauchbarkeit für die Kapitalismuskritik.

Anders als die Frankfurter Theoretiker versuchten sie allerdings, eine politische Bewegung aufzubauen, die tatsächlich für einige Jahre in einer eher elitären Korrespondenz zwischen Schriftstellern, Künstlern und Theoretikern bestand, bevor ihr politischer Impuls in der Studentenrevolte aufging und die Künstler in ihre Ateliers sowie schließlich (bis auf Prem) als Professoren auch wieder an die Kunstakademien zurückkehrten.

Was aber haben sie an diesem vermutlich sonnigen Herbstnachmittag im schönen Englischen Garten mit dem Gebrauchswert zu schaffen? Wie kommt dieses doch recht dröge Thema auf die Agenda einer Künstlergruppe? Der Begriff ist nicht einmal von Marx erfunden worden, sondern geht auf Aristoteles zurück, der mit Tauschwert und Gebrauchswert eine der einflußreichsten Un terscheidungen vorbereitete, die je im Hinblick auf die Dinge unternommen worden sind.

Ermöglicht es der erste, das Marktgeschehen ohne Rücksicht auf die Beschaffenheit der Güter zu betrachten, so ist der andere genau diesen stofflichen Eigenschaften gewidmet; charakterisiert der Tauschwert eine Beziehung zwischen Menschen, die einen Preis aushandeln, so definiert der Gebrauchswert die Beziehung zwischen Menschen und Dingen. In ihrer Diskrepanz hat sich der Marxismus angesiedelt, und seine Werttheorie war ein zentraler Bestandteil seiner Ideologie.

In seiner Verwendungsgeschichte ist der Begriff des Gebrauchswerts allerdings eher unklar geblieben: Weil er etwas scheinbar Selbstverständliches bezeichnet, wurde er nur selten für erläuterungsbedürftig gehalten und ist so der vernachlässigte Zwilling des ungleich prominenteren Tauschwertbegriffs. Während der Gesellschaftslehre die Wertschöpfung von Arbeit und Tausch und deren Abbildung im Geld zunehmend problematisch wurde, schien ihr der Gebrauchswert offenbar stets so verbürgt, daß er als bekannt vorausgesetzt werden konnte, als phänomenologisch geläufig und den Dingen gleichsam ablesbar.

So hat eine vorgebliche Plausibilität dafür gesorgt, daß seine Definition eher unklar blieb. Auch das zuständige Fach, die Ökonomie, gibt gerne zu verstehen, daß sie ihn nicht für ihr Thema hält. Selbst Marx hat, wie schon ein Blick in das Register der blauen Bände der MEW zeigt, den Tauschwert deutlich vorgezogen und den Gebrauchswert sogar aus der Werttheorie zu verbannen versucht: „Der Gebrauchswert in (...) Gleichgültigkeit gegen die ökonomische Formbestimmung, das heißt Gebrauchswert als Gebrauchswert, liegt jenseits des Betrachtungskreises der politischen Ökonomie".

Der konventionelle oder individuelle Gebrauch von Dingen hat demnach die Ökonomie nur insoweit zu interessieren, wie er das wirtschaftliche Geschehen insgesamt berührt und bedarf darüber hinaus keiner aufwendigen Bestimmung, denn es „ist nichts Mysteriöses an ihr".[2] Folglich wurde der Begriff in marxistischen Wörterbüchern eher marginalisiert, etwa in dem von Georg Klaus und Manfred Buhr herausgegebenen Standardlexikon der ehemaligen DDR, wo er nur knapp unter dem übergreifenden Stichwort „Wert", oder in der von Hans Jörg Sandkühler herausgegebenen

„Europäischen Enzyklopädie zu Philosophie und Wissenschaft",
wo er unter dem der „Ware" abgehandelt wird. Wenn der Begriff
des Gebrauchswerts dem marxistischen Denken geläufig blieb, ist
das wohl vor allem Georg Lukács zu verdanken. Ansonsten waren
es für den Kathedermarxismus eher marginale Figuren, die sich ihm
widmeten, vor allem die kapitalen Außenseiter Günther Anders
und Alfred Sohn-Rethel.[3]

Spätestens seit dem Situationismus ist die Bestimmung des Gebrauchswerts von der Ökonomie in die Moral übergewechselt:
Nun diente er vor allem dazu, die Verelendungstheorie auch im
industrialisierten Wohlfahrtsstaat aufrecht zu erhalten, und zwar
in einer kulturkritischen Variante: Im Wohlfahrtsstaat erscheint –
wie es in einer der einschlägigen Publikationen, in Wolfgang
Pohrts „Theorie des Gebrauchswerts", heißt – die „Produktion
des Reichtums als Zerstörung des Gebrauchswerts" und die „Langeweile, als welche der Zerfall des Gebrauchswerts erfahren
wird", als „Problem der Massen".[4] Bei dem Versuch, den Begriff
des Gebrauchswerts als moralisches Regulativ gegen die kapitalistische Verschwendung zu mobilisieren, gelangt Pohrt zu der gleichen Schlußfolgerung wie Pier Paolo Pasolini in den „Freibeuterschriften": Überfluß vernichtet den Gebrauchswert, Mangel ver-
edelt ihn dagegen bis zur Genußreife.

Im fulminanten Vorwort zu seiner Bremer Dissertation, die in
ihrer seminarmarxistischen Feinmechanik danach leider genau der
Qualität ermangelt, die sie behandelt, liest sich das so: „Daher die
häufig anzutreffende latente Sehnsucht, es möchte doch eine Kata-
strophe die Bosselei im Garten, in der Wohnung und im Hobby-
keller, überhaupt die trübe, dumpfe Sorge, wie man sich durch-
bringt – an deren Obsoletheit und Sinnlosigkeit insgeheim niemand zweifelt –, wieder als Gebrauchswert restituieren wie in
Kriegs- und Nackkriegszeiten, wo das Eingemachte im Keller und
das Holz im Schuppen wirklicher Grund zur Freude und erha-
bener Gesprächsgegenstand waren, und wo der kleine Mann bei
seiner vertrauten Beschäftigung bleiben und dieser doch einmal
ausnahmsweise seinen Mann stehen konnte."[5]

Es ist bemerkenswert, wie literarisch, ja sentimental Pohrt in die
Tasten greifen muß, um seine Version des Gebrauchswerts zu ver-
anschaulichen, und daß ihm dies nur durch eine verführerische
Apotheose des Mangels gelingt. Deren Charme erliegen aber viel-

leicht nur seine Generationsgenossen, die den emotional übersichtlichen Mangel der Nachkriegszeit noch kennengelernt haben, wie ihn etwa der Film „Stunde Null" von Edgar Reitz (1977) eindrucksvoll nachgestellt hat.

Ähnlich wie Hans-Jürgen Krahl oder Wolfgang Fritz Haug hat auch Pohrt die marxistische Bestimmung des Gebrauchswerts moralisch funktionalisiert: Wenn diese Autoren auch nicht nachdrücklich zur Askese aufriefen – was ihnen angesichts der eher hedonistischen Studentenbewegung auch weitgehend ihr Publikum gekostet hätte –, propagierten sie doch die Vorstellung, es gäbe gelungenere Formen des Gebrauchswerts als unter den Voraussetzungen der kapitalistischen Überproduktion. Wie diese genau aussehen sollen, darüber erfährt der Leser bei den abstraktionsfreudigen Theoretikern freilich weniger als bei dem Künstler Pasolini, der einen rustikalen Romantizismus ausspielt. Zynischen Lesern mochte das heile Reich der Knappheit freilich schon damals als Umweglegitimation realsozialistischer Mangelwirtschaft erscheinen.[6]

Die bürgerliche Wirtschaftswissenschaft hat sich, was den Gebrauchswert angeht, ausnahmsweise lieber an Marx und ihn daher nicht für ihr Thema gehalten. Ihre Handbücher verbuchen den Gebrauchswert, falls überhaupt, als einen „Begriff der Wirtschaftstheorie für den subjektiven Nutzen eines Gutes, der jedoch keine Rolle bei der Preisbildung spielt" oder als „Bedeutung eines Gutes hinsichtlich seiner subjektiven Nützlichkeit bzw. seiner objektiven Eignung für einen bestimmten Zweck", so Gablers Wirtschaftslexikon in verschiedenen Auflagen.

In der Tat müßte die Ökonomie ihr übersichtlich formalisiertes Terrain verlassen, wollte sie den Gebrauchswert anschaulicher bestimmen; dazu ist sie aber nicht bereit. Denn interdisziplinär ist sie nur insoweit, als sie von der hohen Warte vermeintlicher Objektivität auf die Kulturwissenschaften herabschaut, die nichts vergleichbar Präzises zu verhandeln haben – darin sind sich bürgerliche und marxistische Ökonomie überraschend ähnlich. Selbst John Michael Montias, der intime Kenner der holländischen Malerei des 17. Jahrhunderts und auch von Museumsdirektoren beneidete Sammler, zieht sich bei der kollegialen Frage nach dem Gebrauchswert freundlich lächelnd hinter die Grenzen seines akademischen Lehrfaches, der Wirtschaftswissenschaft, zurück, die er damit schlicht nicht befaßt sehen möchte.

Auch in der Philosophie, von der man hier weitere Auskunft erwarten könnte, erfreut sich der Begriff keines besonderen Ansehens – allein die von Jürgen Mittelstraß edierte „Enzyklopädie Philosophie und Wissenschaftstheorie" erweist ihm die Reverenz eines eigenen Eintrags. Mit dem ihm eigenen lakonischen Geschick bestimmt Friedrich Kambartel dort den Gebrauchswert kurzerhand als die „normale Zweckbestimmung eines Gutes".

Doch wirkt diese Definition bei näherer Betrachtung eher ökonomisch als philosophisch – nicht, weil sie von Gütern redet statt von Dingen, sondern weil sie mit dem Normalfall der Ökonomie zurückgibt, was diese als marginalen Subjektivismus doch gerade loswerden will. Noch entschiedener ökonomisiert Kambartel den Gebrauchswertbegriff, wenn er eine Zweckbestimmung voraussetzt: Das mag für die vom Menschen produzierten Gegenstände angehen, aber wie steht es mit den natürlichen Gegenständen, über deren Gebrauchswert der Mensch gleichsam gestolpert ist?

Sobald zwischen der Beschaffenheit der natürlichen Dinge und der des Menschen eine glückliche Koinzidenz enttarnt worden ist – etwa in der medizinischen Wirkung von Kräutern –, kann doch von einem Gebrauchswert dieser Dinge gesprochen werden, ohne daß eine Zweckbestimmung – wie etwa bei der Anfertigung von Schuhen – im Spiel gewesen wäre. Die vorgefundenen Dinge führen doch einen Gebrauchswert von anderer Art vor als die vom Menschen planmäßig geschaffenen: Wird den Gegenständen, die der Mensch selbst herstellt, ihr Zweck als Funktion eingeformt, so den natürlichen dagegen ein Nutzen abgewonnen.

Freilich führt ein zufällig entdeckter Nutzen in der Regel zum planmäßigen An- oder Abbau der entdeckten Ressourcen, womit eine ökonomisch relevante Zweckbestimmung wieder ins Spiel käme. Mit Kambartels Definition, die eine Subjektivierung des Gebrauchswerts vermeidet, hätte man also eine ebenso passende wie knappe Definition, aber dafür vermißt man, was man sich gerade von der philosophischen Betrachtung des Themas erhofft hätte, nämlich die anthropologische Dimension: Kambartels Definition läßt die Frage offen, was es letztlich ist, das der Mensch in den Dingen so sehr sucht, daß er darüber zum Konsumenten wird.

Aber nicht nur der Philosophie, auch der Anthropologie, die sich doch über zahlreiche Formen von Nahrungstabus, Gabenaustausch und Fetischismus zu wundern hatte, sind die Konsumbeziehungen des Menschen zu den Dingen lange Zeit wenig relevant erschienen; nur der Werkzeuggebrauch erschien ihr von einer gattungsspezifischen Bedeutung, die man aber schließlich angesichts von Parallelen im Tierreich aufgeben mußte. Dabei ist der Gebrauchswert der natürlichen Dinge den Menschen, anders als Marx es sah, lange Zeit ja durchaus ein Mysterium gewesen.

Viele Kulturen legen in ihren Mythen von der eigentümlichen Scheu des Menschen Zeugnis ab, die natürlichen Dinge zu verbrauchen. Noch bis in das 20. Jahrhundert hinein haben, wie volkskundliche Untersuchungen belegen, mitten in Europa Ritualisierungen dieser Scheu überlebt, die seit Menschengedenken etwa den Akt des Baumfällens, das Abernten der Früchte oder das Schlachten von Tieren begleitet.[7] In der selbstsüchtigen Nutzung der Natur hat der Mensch offenbar schon früh seine Sonderstellung erkannt und in der Angst vor der Rache der Baumgeister und Feldhexen seine Hybris durchzittert.

Auch im Gründungsmythos der jüdisch-christlichen Religionen ist dieses Nutzungstabu gegenwärtig, wenn die Ernte eines einzigen Baumes im ansonsten zur Nutzung freigegebenen Garten unter Strafe gestellt wird, und zwar ausgerechnet unter die der Bewußtwerdung: Das Paradies war der Ort, an dem die Dinge nur Gebrauchswert besaßen und keinen Tauschwert kannten – ein marginales Konsumtabu sicherte diese Idylle; seine Mißachtung entließ den Menschen in die Rechenwelt der Ökonomie.

Von der Korrespondenz zwischen seinen Bedürfnissen und ihrer Erfüllung durch die natürlichen Dinge zeigte sich der Mensch auch diesseits des Paradieses noch stark beeindruckt: Je weniger ihm bewußt war, daß sich Entwicklung und Überleben seiner Gattung der spezifischen Anpassung an die natürlichen Gegebenheiten verdankten, desto mehr mußte ihm die günstige Einrichtung der Welt als Geschenk erscheinen.

In der Gestalt eines fürsorglichen Schöpfergottes wurde diese wundersame Fügung extrapoliert: Ihm konnte man als Ausdruck der Dankbarkeit Opfer bringen, bei denen die ausgewählte Gabe nicht verzehrt, sondern symbolisch verschont oder vernichtet und damit eine frühe Spielart des Konsumverzichts praktiziert wurde. Man kann sich die Brauchbarkeit der Welt als eine religiöse Grunderfahrung vorstellen; selbst der aufgeklärte Zeitgenosse muß es mit einem Anflug von Demut betrachten, wie weit uns die natürlichen

Dinge entgegenkommen, ohne daß wir es ihnen eigens auferlegt oder angemessen hätten. Wenn man den Gebrauchswert einer natürlichen Sache auch nicht als Geschenk der Götter, sondern als Ergebnis einer geglückten anthropozentrischen Abstraktion betrachten will, bleibt ein beträchtlicher Zauber von sinnhafter Korrespondenz und sinnlicher Fülle.

Will man sich mit der strikt ökonomischen Betrachtung des Gebrauchswerts nicht zufrieden geben, bieten Religionsgeschichte und Ethnologie also reiches Anschauungsmaterial. So hat Georges Bataille in der Völkerkunde die Umrisse einer Anthropologie des Wirtschaftslebens gesucht, die sich nicht nur am Tauschakt orientiert, sondern auch an den Formen der Verausgabung. Seine Theorie der Verschwendung liefert, auch wenn ihre Beispiele vorindustriellen Gesellschaften entstammen, den vielleicht tragfähigsten Ansatz für die Annäherung von Anthropologie und Ökonomie.[8]

Auch der Fetischismus liefert interessante Beispiele, etwa solche der animistischen Materialüberschätzung von Kultobjekten oder die eigentümliche Bereitschaft von Menschen, ihr Schicksal auf den Besitz und Gebrauch bestimmter Materialien zu konzentrieren, zumal die den Perversionen zugerechnete ekstatische Variante der Objektbeziehung. Wenn man feststellt, daß die Beiträge der Ethnologie wie der Psychologie zur Theorie des Gebrauchswerts weitgehend unberücksichtigt geblieben sind, so ist dafür ihre kulturelle Entlegenheit verantwortlich, aber auch ihre Handgreiflichkeit: Die magische wie die sexuelle Intensivierung des stofflichen Gebrauchswerts widersetzt sich den Abstraktionsabsichten der Ökonomie, die ihn mal als subjektive Beziehung, mal als Normalfall verbucht, mal als Nutzen und mal als Zweck.

Die Soziologie führt hier auch nicht recht weiter, weil sie die demonstrativen Aspekte des Konsumgüterverbrauchs bevorzugt, die sich nicht auf die stofflichen Eigenschaften der Gegenstände, sondern auf ihre symbolische Handhabung im Sinne des Prestigeerwerbs beziehen. Bei dieser angesehenen Form des Fetischismus, der Zurschaustellung von Reichtum im „demonstrativen Konsum" (Thorstein Veblen), macht der erkennbar hohe Tauschwert einen beträchtlichen Teil des Gebrauchswertes der Güter aus.[9] Neuerdings wird – unter Bezug auf Pierre Bourdieus „Kritik der gesellschaftlichen Urteilskraft" – die Bedeutung des zeichenhaften

Charakters so stark betont, daß der Umgang mit den Sachen beinahe unabhängig von deren stofflichen Eigenschaften und dienstbaren Formen behandelt wird oder deren handgreiflicher Gebrauchswert sogar generell bestreitbar erscheint.

Daneben floriert eine historiographische Praxis von Detailstudien, die sich entlang der Konturen bestimmter Dinge bewegen.[10] Mag der Fetischismus auch weiterhin ein geächtetes Beispiel des Gebrauchswerts bleiben, so wird mit solchen Studien immerhin eine andere Ächtung beendet, nämlich die des Normalverbrauchers. Angesichts der langen Tradition und weiten Verbreitung religiöser Aufrufe zur Abkehr von den weltlichen Dingen fällt ja als gleichsam metaphysische Lücke das Fehlen jeglicher Sympathie mit dem Konsumenten auf, der das Gebrauchswertversprechen der Dinge einlöst. Wie der spielende Mensch im Mittelalter aus dem christlichen Kult verbannt wurde und dann erst spät die Sympathie der strengen Wissenschaft gefunden hat, nämlich in Johan Huizingas wegweisendem Buch „Homo ludens", so kann der Konsument erst seit kurzem mit einer kulturhistorischen Würdigung rechnen.[11]

Dem Sammler ist es bekanntlich besser ergangen. Schon früh beginnt die Tradition seiner Heroisierung, die bis heute nicht abgerissen ist. Zwar hat auch der Sammler nie das Wohlwollen der Weltreligionen gefunden, aber sich in ihrem Umfeld problemlos einrichten können, bis ihn dann das historische Bewußtsein der Neuzeit als Kulturhelden etablierte. Dagegen scheint die Mißachtung des Konsumenten eine beinahe zeitlose Wurzel zu haben. Was macht er aber so viel anders mit den Dingen als der Sammler, daß man ihn dafür so verachtet? Er vernichtet sie im Konsum, während der Sammler mit ihnen umgeht, ohne sie zu vernichten – das macht den einen zum ewigen Sünder und den anderen zum Helden der Moderne.

Gleichwohl erhellen sich beide Umgangsarten mit den Dingen gegenseitig, denn auch der Sammler ist ein Verbraucher. Die Klärung dieses Zusammenhangs hapert aber nicht nur an der Begriffsunschärfe des Gebrauchswerts, es steht auch keine Definition des Sammelns zur Verfügung, die nicht schon sprachlich zirkulär wäre. In seinem Buch „Der Ursprung des Museums" hat der Historiker Krzysztof Pomian die Herausforderung einer Definition des Sammelns angenommen, der die Kunstwissenschaft offenbar mit Bedacht aus dem Weg zu gehen pflegt.[12]

Grundlegend für die Definition einer Sammlung erscheint ihm, daß Dinge „zeitweise oder endgültig aus dem Kreislauf ökonomischer Aktivitäten herausgehalten werden". Dabei will er nicht ausschließen, daß sie ihren Tauschwert behalten. Die Unverfügbarkeit von Dingen muß in der Tat ihren Marktwert nicht beeinträchtigen, kann ihn vielmehr, wie gerade die Museumskunst beweist, so hoch treiben, daß Diebe ihn auf dem Schwarzmarkt einzulösen versuchen. Doch schließt eine Sammlung nach der Definition Pomians aus, daß ihre Objekte noch einen Gebrauchswert besitzen.

Diese Bestimmung muß befremden, schon allein deswegen, weil in der Geschichte des Sammelns die Grenzen eher fließend waren, was Pomian durchaus bewußt ist. Bereits für die Gegenstände in den „regalia" der mittelalterlichen Schatzkammer galt, wie später auch für die Pokale und Tafelprunkstücke der Kunst- und Wunderkammern, daß es nämlich ihren Besitzern jederzeit freistand, sie auch im Herstellungssinn zu benutzen.[13] Und auch heute kann der Spielzeugsammler seine Blechautos aufziehen, die Möbelsammlerin auf ihren Prunkstücken sitzen, der Instrumentensammler auf seinem Hammerklavier spielen, ohne daß durch diesen Gebrauch ihr Sammlungscharakter verloren ginge. Allenfalls die Sammler von Münzen sind im Nachteil, weil ihre Objekte zwar nicht den ursprünglichen Symbolcharakter des Geldes, wohl aber den einer gültigen Währung eingebüßt haben, wie auch die Sammler von Briefmarken das Dienstleistungsversprechen ihrer gezackten Papierchen nicht mehr realisieren können.

Aber noch ein weiterer Grund spricht gegen Pomians definitorische Verallgemeinerung: Für die Entdeckung von Korrespondenzen zwischen den Dingen und den Bedürfnissen des Menschen haben Sammlungen bis in die Neuzeit eine große heuristische Bedeutung gehabt, nicht zuletzt auch für die Herausbildung der wissenschaftlichen Disziplinen, die aus bestimmten Sammlungsschwerpunkten hervorgegangen sind.[14]

Das Sammeln von Naturgegenständen ist zur Zeit der Kunst- und Wunderkammern sogar von regelrechten Gebrauchswertphantasien geprägt gewesen, die sich als objektmagische Vorstellungen Geltung verschafften: Im Magenstein des Kamels, dem Bezoar, einen zuverlässigen Indikator für vergiftete Speisen zu vermuten; im Narwalzahn ein Aphrodisiakum auf Vorrat zu wissen, das gab der Sammelmotivation auch den Charakter einer Gebrauchswertspekulation.

Rückblickend hat man sogar den Eindruck, daß Sammeln eine der wichtigsten Formen gewesen ist, die Dinge systematisch auf ihre Nützlichkeit hin zu befragen und zudem solche auf Vorrat zu halten, deren Gebrauchswert noch nicht dingfest gemacht werden konnte.[15]

Irrt Pomian also, wenn er den Gegenständen einer Sammlung den Gebrauchswert abspricht, wie schon Adam Smith sich irrte, als er dem Wasser den Tauschwert absprach? Im regnerischen Schottland mit seinen Bächen und Seen hatte Smith diesen Eindruck gewinnen können, aber schon auf dem Marktplatz von Marrakesch hätte er sich eindrucksvoll widerlegt gefunden. Pomians Definition leidet an einer ähnlichen Regionalität, diesmal einer historischen: Es ist das erst relativ spät entwickelte museale Berührungstabu, das den Eindruck nahelegt, Sammeln könnte den Gebrauchswert von Objekten ausschließen. Mag auch der museale Spezialfall den Eindruck eines vollständigen Gebrauchswertverlustes entstehen lassen, so handelt es sich auch dort nur um einen Gebrauchsverzicht: Die perfekte Musealisierung eines historischen Musikinstrumentes ist ja gerade dann gegeben, wenn es unversehrt und damit jederzeit spielbar in seiner klimatisierten Vitrine liegt.

In der Musealisierung verzichtet man darauf, das Instrument seiner ausgeformten Bestimmung entsprechend zu benutzen, wodurch es dem Verschleiß entgeht und nur deshalb auf Dauer für eine mögliche Benutzung erhalten bleibt. Der Verzicht ist also eine paradoxe Vorschrift zur Erhaltung eines gleichsam ruhenden Gebrauchswertes, dessen Realisierung nicht mehr vorgesehen, aber auch nicht ausgeschlossen ist und dadurch erhalten bleibt. Das wiederum paßt ganz gut zu Pomians Definition einer Sammlung, wenn er davon ausgeht, daß die gesammelten Dinge nur zeitweise aus dem ökonomischen Kontext ausgeschlossen werden.

Selbst der dauernde Verzicht betrifft nicht jeden Gebrauchswert, sondern nur den ursprünglichen. Denn ein Spinnrad, das niemand mehr bedienen mag, hat im Heimatmuseum nicht jeglichen Gebrauchswert, sondern nur seinen eingeplanten eingebüßt, dafür aber einen neuen erhalten. Denn seine Musealisierung läßt sich als Umwidmung verstehen, bei der man darauf verzichtet, das Spinnrad angesichts seiner technischen Rückständigkeit zu zerstören, weil es nunmehr der Veranschaulichung überholter Produktionsformen dienen soll: Hat die Zweckbestimmung des Spinnens das

Gerät ins Leben gerufen, so sichert ihm die der historischen Veranschaulichung das Überleben.

Und kann man der Eignung gesammelter Dinge für die Betrachtung, Erbauung oder Bildung den Charakter eines Gebrauchswertes absprechen? Selbst im Rahmen der Ökonomie wäre eine solche Gebrauchswertbestimmung plausibel, zahlt der Besucher doch oftmals Eintritt, um dieses Bildungserlebnis zu vollziehen. Pomian bezeichnet die musealisierten Dinge in dieser Eigenschaft als „Semiophoren", als Bedeutungsbehälter, denen er damit, entgegen seiner erklärten Auffassung, letztlich also doch einen Gebrauchswert zuspricht, nämlich einen kommunikativen.

Pomian hatte also eine zu handgreifliche Vorstellung vom Gebrauchswert, wenn er ihn den Dingen einer Sammlung absprechen wollte, wie Adam Smith eine zu substantielle Vorstellung vom Tauschwert des Wassers hatte, als er ihn ausschloß. Hätte das Spinnrad im Museum nicht einen neuen Gebrauchswert gefunden, wäre es nämlich dort gelandet, wo alle Dinge enden, denen man endgültig keinen Gebrauchswert mehr zusprechen mag, nämlich im Müll. Doch selbst dort verlieren sie, wie ein Blick auf die Müllhalden der Metropolen der Armut zeigt – aber auch schon einer in die „Grüne Tonne"–, ihren Gebrauchswert nicht völlig.[16]

Auch Dinge, deren Gebrauchswert für den Menschen *noch nicht* erkannt ist, finden ja ihren Platz in Sammlungen, etwa solchen der pharmazeutischen Labors, in denen Samen aussterbender Pflanzen zwischengelagert oder gefährdete Tierarten gehegt werden, weil der an Überraschungen der Natur gewöhnte Mensch in ihnen noch unerkannte, aber möglicherweise wertvolle Stoffe für die Bekämpfung von Krankheiten zu finden hofft. Wie in der Kunst- und Wunderkammer ist auch dieses moderne Sammeln eine Gebrauchswertspekulation. Selbst der Kampf gegen die Zerstörung des Regenwaldes ist eine solche Vorsichtsmaßnahme, noch nicht erforschte, möglicherweise sogar unentdeckte Pflanzen und Tiere zu erhalten und damit gleichzeitig eine ganze Region – inklusive ihrer Einwohner – zu musealisieren.

Daß der Verzicht auf einen ursprünglichen Gebrauchswert einen neuen, dem Sammeln eigenen schaffen kann, gilt natürlich vor allem für Dinge, deren überwiegende Zweckbestimmung es ist, gesammelt und musealisiert zu werden, deren Gebrauchswert sich also erst in der Sammlung realisiert, die Sammlerstücke. So kommen alte Autos wieder in den Handel mit dem ausdrücklichen Hinweis darauf, daß sie Sammlerstücke sind: Ihre Gestalt ist von einem ursprünglichen Gebrauchswert diktiert, der aber nicht mehr ihren Tauschwert bestimmt, der sich vielmehr einem neuen Gebrauchswert, eben dem des Sammelns verdankt.

Sammeln läßt sich vielleicht am besten als ein zeremonieller Umgang mit Dingen definieren, womit nicht nur an die höfischen Wurzeln dieser Kulturtätigkeit (und damit auch des Museums) erinnert würde, sondern auch eine kulturübergeifende und unorthodoxe Betrachtungsweise offenstünde, diese rätselhafte Tätigkeit der geordneten und gezielten Anhäufung zu verstehen. Als ein zeremonieller Umgang mit Dingen zeichnet sich das Sammeln durch eine aus dem Arbeits- und Konsumalltag ausgegrenzte und besonders intensive Wahrnehmung sowie durch den Wunsch nach dauernder Objektnähe aus.

Die hohe subjektive Wertschätzung kann ebenso hohe Sicherheitsvorkehrungen erfordern, etwa die Aufbewahrung im Safe, und damit den Wunsch nach einer dauerhaften Nähe vereiteln, auch wenn sich der Wert der geschützten Objekte nur auf kleinen Spezialmärkten realisieren läßt. Als kulturhistorisch jüngste Entwicklung ist das museale Sammeln nur eine entprivatisierte Form, bei der die Räumlichkeiten, die Sicherheitsvorkehrungen und – zumindest dem Anspruch nach – auch die Wahrnehmungsintensität vergrößert werden.

So öffnet die Betrachtung des Sammelns als zeremoniellem Umgang eher den Blick für die vielfältigen Formen des Gebrauchswerts, als daß sie ihn aus ihrem Anschauungsfeld verbannte oder gar zum Kriterium der Abgrenzung machen könnte. Schon der Anblick seiner eigenen, sicherlich beneidenswerten Bibliothek hätte Krzysztof Pomian zu größerer Vorsicht bei seiner exklusiven Definition anhalten müssen: Bibliotheken liegen nämlich genau auf der Schnittstelle zwischen Sammlung und Konsum, und das Buch ist ein Idealfall, weil es in der Regel weder im Gebrauch noch im Sammlungszustand aufgeht. Zudem enthüllt sich dem Büchersammler – und das dürfte auch die marxistischen Apologeten des Mangels mit ihren meist verschwenderischen Bibliotheken betreffen –, daß der Genuß, wie Aristoteles feststellte, „in der Überfülle besteht", die man als nicht gleichzeitig realisierbaren, aber zuhandenen Gebrauchswert verstehen kann.

Historisch gesehen stehen die Bücher in einem engen Zusammenhang mit dem Sammeln, weil sie ein – und oftmals das – Zentrum der Kunst- und Wunderkammern bildeten. Dieser später oft unterbewertete Zusammenhang bestimmte lange Zeit auch die Historiographie des Sammelns: Noch 1837 schloß Gustav Klemms anregende „Geschichte der Sammlungen für Wissenschaft und Kunst in Deutschland" ganz selbstverständlich und prominent die Bibliotheken ein. Erst nachdem in der Geschichtsschreibung der Sammlungen mit Julius von Schlosser die Kunstwissenschaft die Führung übernommen hatte, neigte sich die Balance zu Gunsten der „*artefacta*", worüber nicht nur die Büchersammlungen, sondern auch die mechanischen Exponate und technischen Modelle der Wunderkammern sträflich vernachlässigt wurden, also, wenn man so sagen darf, die besonders gebrauchswertintensiven Stükke.[17] Mit der Prädestination der *artefacta* zum musealen Berührungstabu verengte sich dann der Sammlungsbegriff so stark, daß Pomian der Wegfall des Gebrauchswertes plausibel erscheinen mußte.

Doch scheint letztlich kein anderer Umgang mit den Dingen den Gebrauchswert so zu vergegenwärtigen wie der zeremonielle des Sammelns, und zwar vor allem von solchen Objekten, die nicht, wie mittlerweile die Kunst, eigens dafür vorgesehen sind. Der Sammler ist dem Gebrauchswert der Dinge näher als jeder Ökonom, der ihm das Thema daher mit einem gewissen Recht überläßt.

Der Sammler hat weniger ein Interesse am handgreiflichen Gebrauchswert der Dinge als vielmehr an ihrem geistigen Unterhaltungswert – so bewahrt er die Dinge vor ihrer Verdinglichung. Ihm dämmert, daß an den Dingen eben doch mehr ist als nur Menschliches, selbst an den vom Menschen gemachten, eine Restfremdheit, ihre stoffliche Kälte. Es ist die Haltung des Sammlers, die Dinge als Gegenüber zu respektieren, sich ihrer suggestiven Stofflichkeit aber nicht zu ergeben; er weist den Dingen einen Gebrauchswert zu, statt sich den ihren vorschreiben zu lassen.

Resümiert man diese Überlegungen, dann kann man den Gebrauchswert als eingeplante oder abgewonnene Nutzungsmöglichkeit eines bearbeiteten oder natürlichen Gegenstandes verstehen, die auf konventionelle oder individuelle Weise realisierbar ist und über ihren Einfluß auf Produktion und Marktangebot wirtschaftliche Bedeutung gewinnen kann.

Seine Bedeutung hat der Gebrauchswert in der Industriegesell-schaft vor allem dadurch erhalten, daß die Werbung zunehmend für den Absatz massenhaft und gleichsam auf Verdacht der Ver-käuflichkeit hergestellter Güter eingespannt wurde. Darüber hat sie sich zu einer einflußreichen Gattung der modernen Gebrauchs-künste entwickelt, deren Aufgabe überwiegend darin besteht, den Gebrauchswert zu dramatisieren, um das Konsumverlangen zu wecken und auf die Standards des Angebots zu eichen.

Diese Propaganda dient der Motivierung von Gebrauchswert-phantasien geradezu fetischistischer Intensität. Sie appelliert an die anthropologisch allgegenwärtige Neigung des Menschen, Dinge mit Gebrauchswertphantasien aufzuladen. Vom neuzeitlichen Denken als Magie oder religiöse Verirrung gebrandmarkt, hat die Gebrauchswertprojektion in der Warenwerbung die Aufklärung überlebt.

Die ersten Erfahrungen, wie intensiv ein ansonsten lebloses Ob-jekt mit Sinn und Spannung aufgeladen sein kann, macht bereits das Kind mit seinem Lieblingsspielzeug – mit einer kleinen Holz-lok, ein paar Miniaturautos oder einer Stoffpuppe, die für ein paar Stunden oder Tage die ganze Energie auszustrahlen scheinen, die sie als Aufmerksamkeit an sich ziehen. Die große Nähe zu einem Ding, das mit narrativem Potential und dem mimetischen Glanz der Verkleinerung ausgestattet ist, ergibt nach der elementaren Nahrungsaufnahme vielleicht die erste regelrechte Konsumer-fahrung.

Hier entwickelt sich der Wunsch, der den Warenkäufer dann ein Leben lang mit dem Drogenkonsumenten verbinden wird, daß nämlich beide letztlich ein Gefühl kaufen wollen und dafür ein materielles Substrat brauchen. Zwischen beiden ist der Sammler anzusiedeln: Als entgleister Konsument sucht er sein Heil in der Fülle wie der Drogenabhängige in der Erhöhung der Dosis.

In den vielfältigen Möglichkeiten, aus dem Gebrauch geratenen Dingen wieder einen – neuen oder reaktivierten – Gebrauchswert beizumessen, aber auch in den Gebrauchswertprojektionen liegt tatsächlich ein erheblicher Freiheitsspielraum des Menschen. Of-fensichtlich kann man den Dingen einen Gebrauchswert nicht wie eine Eigenschaft zuschreiben, die sie verlieren können wie eine Farbe. Vielmehr muß man ihn als eine wandelbare Konnotation im Kontakt mit dem Menschen sehen, die sich nicht nur in den

Grenzen der stofflichen Möglichkeiten der Dinge, sondern auch in der Freiheit der intellektuellen und sinnlichen Möglichkeiten des Menschen bewegt – darin ist dem Gespräch im Englischen Garten beizupflichten.

Supermarktpiraten

Mutmaßungen über den Ladendiebstahl

Kürzlich fand in Bonn eine Krisensitzung des *Deutschen Werberates* statt. Dabei ging es nicht um Beschwerden über sittenwidrige Anzeigenkampagnen oder vergleichende Werbung, zu deren Verhinderung der Verband einst gegründet worden ist. Die Branche sah sich vielmehr zum ersten Mal mit der Klage konfrontiert, daß sie ihre Arbeit zu gut erledige. Überall, so der Tenor der Kritik, sei der Konsumwille auf dem Siedepunkt angelangt, gleichgültig ob in den Lebensmittelmärkten oder der Bekleidungsbranche, bei CDs oder Kosmetika – dafür habe aber die Zahlungsbereitschaft in einem erschreckenden Ausmaß abgenommen.

Ladendiebstahl drohe inzwischen zu einer Art Volkssport zu werden, so daß man ihn nicht länger in der Öffentlichkeit herunterspielen könne, ohne den Handel in seiner Existenz zu gefährden. Angesichts eines allein für die Bundesrepublik geschätzten Jahresverlustes von rund fünf bis zehn Milliarden Mark und einer weiteren Milliarde für die Prävention sei es an der Zeit, nach den Ursachen zu suchen und diese zu beseitigen.

Als Hauptverantwortlichen für das Dilemma benannte der Präsident des „Deutschen Händlerverbandes", Prof. Hans C. Krause, die Werbung. Er wollte keineswegs in Abrede stellen, daß sie in der Nachkriegszeit einen erfreulichen und oftmals originellen Beitrag zur Verbesserung des Konsumklimas geleistet hätte, von dem nicht nur die Hersteller und Händler, sondern – über das Bruttosozialprodukt – die gesamte Bevölkerung profitiert habe. Aber nun gelte es, Auswüchse zu korrigieren.

Als folgenreichsten Fehler der Werbung bezeichnete Prof. Krause, daß sie stets nur den Genuß und die Faszination der Ware in Szene setze, nie aber den legalen Weg ihres Erwerbs. Sie zeige den heiteren Umgang mit dem Konsumgut, als sei dieses direkt vom Himmel herabgefallen und nicht aufwendig hergestellt, über weite Strecken transportiert und kostenzehrend auf Vorrat gehalten worden. Da sei es kein Wunder, daß der Zahlungsakt völlig in Vergessenheit zu geraten drohe. Diese Weltfremdheit könne sich die Branche aber nicht länger leisten, wenn immer mehr Konsumenten darüber verlernten, daß man eine Ware erst zu bezahlen habe, bevor man sie nach Hause trägt.

Mit Nachdruck wies Krause die versammelten Kreativen darauf hin, daß die Werbebranche auch eine kulturpädagogische Verantwortung trage, die sie endlich ernst nehmen sollte. Durch geschickt inszenierte Zahlungsszenen, etwa mit freundlichen Gesprächen an der Supermarktkasse, müsse man in Anzeigen und Werbefilmen die *essentials* der Konsumgesellschaft in Erinnerung rufen: Es gelte, einer ungeübten Kundschaft wieder attraktive Verhaltensvorbilder des Bezahlens zu vermitteln. Vielleicht, so schlug er den Agenturchefs vor, sollte man die sympathische Frau Sommer mit ihrer Packung Jacobs-Kaffee nicht nur beim Plaudern vor gefüllten Regalen, sondern auch einmal beim Bezahlen zeigen, wobei sich Preisvorteile ja ohnehin am besten hervorheben ließen. Auch könnte man das HB-Männchen für ein amüsantes Abenteuer mit dem Einkaufswagen in der Warteschlange vor der Supermarktkasse wiederbeleben.

Die versammelten Werbefachleute wiesen die Vorwürfe des Händlerverbandes natürlich entschieden zurück. Sie beriefen sich darauf, daß Einflüsse der Werbung auf das Verhalten von Konsumenten wissenschaftlich überhaupt nicht nachweisbar seien und sie somit auch nicht für Auswüchse haftbar gemacht werden könnten. Überdies böten gerade die Kassenzonen in den Einkaufsmärkten stets eine verheerende Optik, daher sei es die eigene Schuld der Händler, wenn solche unattraktiven Abteilungen gemieden würden.

Trotz ihrer Schuldzurückweisung scheinen die Vorwürfe die Branche jedoch durchaus beeindruckt zu haben, denn wie man aus einigen Agenturen hört, sind inzwischen die ersten Werbeclips über die Schönheit des Bezahlens in Vorbereitung.

Das Bonner Treffen ist natürlich frei erfunden, die Geschichte deshalb aber nicht ganz falsch. In ihr hätte auch der Präsident des Kinderhilfswerkes auftreten können, der die Werbebranche tatsächlich schon für das Anwachsen der Kinderkriminalität ins Gebet genommen hat.[1] Bei über der Hälfte der Fälle geht es dabei nämlich um Ladendiebstahl. Schon lange konzentriert sich die Werbung nicht mehr nur auf die Erwachsenen, die einst die familiäre Finanzhoheit besaßen, sondern auch auf Kinder und Jugendliche: Wachsendes Taschengeld qualifiziert sie ebenso zur attraktiven Zielgruppe wie die alterstypisch hohe Anfälligkeit für die Glücksversprechen des Konsums.

Die Branche kreist diese Zielgruppe nicht ohne Raffinesse ein: Den Kindern, die Fernsehprogramm und Werbung noch nicht klar unterscheiden können, werden TV-Moderatoren als Werbefiguren präsentiert, um die Grenzen zusätzlich zu verwischen, so daß der Kinderschutzbund eine klare Trennung forderte.[2] Bei den Jugendlichen nutzt eine ausgefeilte Markenartikelwerbung die hohe Imagekonkurrenz eines Lebensalters, in dem man sich noch nicht durch Einkommen und Grundbesitz profiliert, sondern durch Körpermarkierungen und symbolisches Gehabe. Da Kinder und Jugendliche der sittlichen Reife ermangeln, die ihnen die Erwachsenen ja erst beibringen wollen, ist es kein Wunder, daß sie dem allgegenwärtigen Konsumdruck auch dann gehorchen, wenn ihnen die finanziellen Mittel dazu ausgegangen sind: Mit einer altersspezifischen Lust an diskreten Mutproben und subversiven Abenteuern lassen sich die Ergebnisse zudem auf dem Schulhof prestigefördernd vorzeigen. Ladendiebstahl wird so zum Gesellschaftsspiel, mit dem man in der *peer group* der Gleichaltrigen Ansehen erwirbt wie früher mit Äpfelklauen im Garten des empfindlichsten Nachbarn.

Darin unterscheiden sie sich von den Erwachsenen, die mit ihrer Beute kaum unter ihresgleichen renommieren, sie vielmehr eher verschämt genießen dürften – worin das Nachleben einer sittlichen Prägung erkennbar ist, die einst als Gewissen galt und immer mehr aus der Mode zu kommen scheint. Trägt daran wirklich die Werbung die Hauptschuld? War nicht gerade die „Lenor"-Werbung, die jahrelang den bewußtseinsspaltenden Konflikt einer Hausfrau dramatisierte, deren Wäsche nicht richtig weich geworden war, der letzte Ort, an dem einer zunehmend bedenkenlosen Öffentlichkeit noch eine Vorstellung davon vermittelt wurde, was ein Gewissen ist? Oder war die „Lenor"-Werbung nur die erste Folge einer Serie gewissenloser Kampagnen, denen bekanntlich inzwischen überhaupt nichts mehr heilig ist, nicht einmal das Letzte Abendmahl, das längst schon für die Jeanswerbung nachgestellt wurde?

Sollte die Werbung wirklich die kapitalistischen Spielregeln außer Kraft zu setzen helfen, deren wichtigste nun mal das Bezahlen der mitgenommenen Waren ist, wäre sie für den Handel kontraproduktiv. In der Tat wirbt sie nicht nur jeweils für eine konkrete Ware, sondern trägt insgesamt dazu bei, „das Konsumklima als Trancezustand gesellschaftlich aufrechtzuerhalten", wie der Stuttgarter Kunsthistoriker Beat Wyss festgestellt hat. Wyss betrachtet moderne Werbung als „reine Redundanz; sie soll einstimmen in den Takt des gesellschaftlichen Lebensgefühls. Werbung wirbt nicht für Neues, sondern für das Vertraute. Wer bei der bewußten inhaltlichen Botschaft eines Plakats stehenbleibt, es streng ikonographisch betrachtet, versteht den Sinn der Werbung nicht", denn die „Reklame gehört zu den Reservaten für den volkstümlichen Hang zur Magie" und ihre „Redundanz stimmt heimatlich".[3]

Unabhängig von den jeweiligen Waren, die sie anpreist, propagiert die Werbung in der Tat Besitz und Dauererwerb als die höchsten Lebensziele, mit denen jede andere Glücksvorstellung entweder längst lächerlich gemacht oder in die Ghettos elitärer Hochkultur abgeschoben worden ist. Mit ihrer suggestiven Omnipräsenz treibt sie den Konsumdruck weit über die Etats hinaus, die den Verbrauchern zur Verfügung stehen; ihre Propaganda wirkt wie bunte Magie, weil sie den Kapitalismus als Paradies ausgibt, indem sie das Eintrittsgeld verschweigt.

Ist die Zunahme des Ladendiebstahls der unvorhergesehene Erfolg dieser Magie? Es wäre natürlich naiv, die Werbung allein für das Zunehmen des Ladendiebstahls haftbar zu machen; es lohnt sich auch ein Blick auf den Schauplatz des klammheimlichen Geschehens, die Umschlagzonen der Waren, die *sales points*. Denn auch in der ästhetisch und kommerziell durchkalkulierten Präsentation der Waren in Schaufenstern, Regalen und Auslagen waltet eine sinnliche Rationalität, die darauf angelegt ist, den Passanten zur Mitnahme der größten Anzahl möglichst teurer Artikel zu bewegen. Der für sie zuständige Zweig der Wissenschaft, die Verkaufspsychologie, ist nüchterner, aber auch effektiver als die blumige Werbepsychologie; die Inszenierung des Kaufschauplatzes steht der Intelligenz der besten Medienwerber oft in nichts nach. Aber da es um eher krude Ambiente geht, können die Displaydesigner nie die Szene-Prominenz der Medienwerber erlangen.

Die konkrete Inszenierung des Kaufaktes ist paradox: Sie vollzieht sich außerhalb der öffentlichen Aufmerksamkeit, obwohl sie jedem vor Augen steht. Die Tricks und Kniffe, mit denen hier der Besucher in die Enge permanenter Konsumentscheidungen getrieben wird, sind vor allem darauf angelegt, seine Souveränität zu unterhöhlen. Dazu gehört es, die Attraktivität von Waren auch durch ihre Verpackung und Präsentation zur Geltung bringen und sie für sich selbst werben zu lassen.[4] Der Kapitalismus ist zwar selber nicht erotisch, hat aber die Erotik im Griff, zumindest die der Dinge.

Die visuelle Marktschreierei der Verpackungen in den Regalen ist neben der Medienwerbung und dem Display der dritte Gewerbezweig des Design, der davon profitierte, daß mit der Verbreitung des Supermarkt-Prinzips der freie Zugriff des Kunden gefördert wurde. Dem sensibleren Zeitgenossen mag es noch auffallen, was für eine optische Zumutung ein Rundgang in einem Supermarkt darstellt, von der Muzak ganz zu schweigen, die das Warenlabyrinth durchspült. Aber dem wirklichen Trick kommt er kaum auf die Spur: Der scheinbare Vorteil des Kunden, in der vollständig zuhandenen Warenwelt des Supermarktes auf den Einkaufszettel verzichten zu können, hat den Preis, daß man ein Mehrfaches der Güter mitnimmt, deren Fehlen zu Hause aufgefallen wäre.

Als unwillkommene Folge der forcierten Destabilisierung der Einkaufssouveränität hat es sich nun ergeben, daß der Kunde nicht nur das Verantwortungsbewußtsein für sein Budget, sondern auch das für sein moralisches Verhalten aus dem Auge verliert. Wie soll er sich auch an einem Ort als verantwortungsvoller Mensch angesprochen fühlen, an dem er nur als Kunde willkommen und fest in ein Spiel eingeplant ist, bei dem er sein Geld nur verlieren kann? Die Verkaufsflächen, die er besucht, sind asoziale Flächen, in denen die Waren dominieren und die Menschen verinseln. Das sollte nicht nur der besseren Präsentation der bunten Waren dienen, sondern natürlich auch Personalkosten sparen.

Diese Einsparung erwies sich aber als riskante Kalkulation, denn ohne den früher üblichen Verkäuferkontakt verliert der Warenerwerb die soziale Kontrolle, die nach aller Erfahrung moralisches Verhalten auf Dauer allein sicherstellen kann. Das betrifft auch die Mitkunden: Nur drei bis fünf Prozent der aufgedeckten Ladendiebstähle sollen sich – nach Schätzungen der Textilwirtschaft – Hinweisen anderer Kunden verdanken. Man muß also eine gewisse Toleranz gegenüber diesem Delikt selbst bei jenen vermuten, die, aus welchen Gründen auch immer, noch zur Kasse gehen und die in der Preiskalkulation versteckte Ausgleichszulage für die gestohlenen Waren dort mitbezahlen.[5]

Nun hilft es dem Handel allerdings wenig, wenn er den Personalabbau zwischenzeitlich als Fehlerquelle des Verkaufs erkannt hat und die Präsenz in den Verkaufsräumen wieder demonstrativ erhöht. Denn auch die Mitarbeiter in Lager und Verkauf klauen offenbar wie die Raben: Ihr Anteil an den Verlusten wird auf dreißig bis vierzig Prozent geschätzt, wovon ein hoher Anteil durch hektisch eingestellte Kaufhaus-Detektive bisweilen zweifelhafter Provenienz entwendet werden soll.[6]

Ladendiebstahl ist inzwischen so gang und gäbe, daß 1996, angesichts von rund 660 000 bekannt gewordenen Fällen, ein Verzicht auf die Bestrafung von Bagatellfällen wegen der Überlastung von Polizei und Justiz vorgeschlagen worden ist.[7] Die Strafverfolgung gilt mit durchschnittlich etwa vier Monaten als so langwierig und umständlich, daß sie weder einen unmittelbar abschreckenden Effekt auf die Delinquenten ausübt noch durchweg in einem sinnvollen Verhältnis zum angerichteten Schaden steht, weswegen die Bundesländer mit eigenen Modellen experimentieren. So wurden Ende der neunziger Jahre in Baden-Württemberg die Verfahren bei einem Warenwert unter 30 DM bei Ersttätern eingestellt, während man in Mecklenburg-Vorpommern dafür mit 1400 DM zur Kasse gebeten werden konnte.

Auch die Art der Strafverfolgung ist umstritten: Soll man weiterhin damit die Gerichte bemühen oder die Polizei direkt abkassieren lassen? Dem Handel kann jedenfalls nicht daran gelegen sein, daß rund vierzig Prozent der ertappten Ladendiebe straffrei ausgehen, denn Ladendiebstahl ist eine Wachstumsbranche: Inzwischen werden rund 700 000 Täter jährlich ertappt. Daher hat sich der Handel nachdrücklich gegen die Herabstufung dieser Straftat zur bloßen Ordnungswidrigkeit gewandt, aber sein Lamento findet nicht durchweg auch öffentliche Sympathie: Eine möglicherweise sogar leicht schadenfrohe Öffentlichkeit scheint den Ladendiebstahl gleichsam als privates Berufsrisiko des Händlers anzusehen.

Erst der wachsende Anteil der Kinder in diesem Konsumkleinkrieg hat in der Öffentlichkeit wieder ethische Maßstäbe zur Geltung gebracht, um die es ansonsten nicht zum besten steht: Normalerweise werden sie für die Beurteilung von Politikern, Arbeitskollegen, Lebensabschnittspartnern und Nachbarn reserviert; für die Selbstbeobachtung sind sie dagegen eher unattraktiv. Erst in der Verwunderung über das Betragen der Unmündigen scheint eine moralisch weitgehend unbekümmerte Gesellschaft ihre großen Obsessionen kritisch sehen zu können – gleichgültig, ob es sich um

Sex und Gewalt, Alkohol, Drogen oder um die allgemeine Konsumfixierung handelt.

Veröffentlichungen, mit denen sich etwa der „Hauptverband des Deutschen Einzelhandels" gegen das Überhandnehmen des Ladendiebstahls und dessen Bagatellisierung zur Wehr setzt, erwecken allerdings den falschen Eindruck, es handele sich um ein neues Phänomen; dabei ist Ladendiebstahl ein durchaus herkömmliches Vergehen. Bis in das 16. Jahrhundert lassen sich Quellen zurückverfolgen, die darüber Auskunft geben; schon im 18. Jahrhundert war das Delikt so verbreitet, daß englische Geschäftsleute eine staatliche Verfolgung und Bestrafung forderten, die zeitweise die Todesstrafe einschloß.[8] Zu den ältesten Quellen zählt das englische Volkslied, das dem schönen Buch „When Ladies Go A-Thieving" der amerikanischen Soziologin Elaine S. Abelson den Titel stiftete, einer Untersuchung über „Ladendiebe aus der Mittelklasse im viktorianischen Kaufhaus".[9]

Wenige Quellen sind freilich so anschaulich und detailliert wie Emile Zolas famoser Roman „Zum Paradies der Damen" von 1883.[10] Sein Held Octave Mouret, ein wahrer Vermarktungstitan, versteht sein neueröffnetes Kaufhaus – das erste in Paris – unbekümmert als Generalangriff auf die Erwerbsgier der Damen aller Schichten. Als Frauenkenner einschlägig ausgewiesen, stellt er seine Warenarrangements wie Fallen auf, in denen sich die verführten Kundinnen erst von ihrem Geld trennen müssen, um mit dem Objekt ihres Begehrens wieder herausschlüpfen zu können. Mouret betreibt sein Metier ganz ohne moralische Skrupel, und so sind ihm die notorischen Ladendiebinnen auch nur ein rein technisches, kein moralisches Problem: Sie erscheinen als unvermeidliche Kulturfolger der Rationalisierung und Ästhetisierung des Warenumschlags.

Selten ist die Aggressivität des modernen Marketings so illusionslos geschildert worden wie in diesem Roman über einen Besessenen des psychologisch geschickt erwirtschafteten Profits. Diese Klarsicht verdankt sich keineswegs allein dem sozialen Engagement des Autors, dessen Roman ein eher ironisch gehaltenes Panorama des Konsumrauschs entwirft; sie war auch der zeitgenössischen Verkaufspsychologie eigen, die Risiken und Perspektiven der neuen Zündstufe der Vermarktung in Kaufhäusern ziemlich nüchtern berechnete: Der Ladendiebstahl wurde als unvermeidlicher Nebeneffekt der Verkaufssteigerung angesehen, der Schaden jedoch als gering und insgesamt kontrollierbar eingeschätzt – auch wenn er bereits 1905 für alle New Yorker Kaufhäuser jährlich eine halbe Million Dollar betragen haben soll.

Um die Wende vom 19. zum 20. Jahrhundert war den Planern der neuen Umschlagsplätze der Konsumgesellschaft durchaus bewußt, daß die auf bis zu zehntausend Besucher ausgelegten Häuser eine turbulente Menge beheimaten würden, die zusammen mit dem „over-stimulating environment" der Auslagen den Einzelnen seine moralische Verantwortung leicht vergessen lassen könnte.[11] Schon seit 1846 hatte man in amerikanischen Kaufhäusern große Spiegel zur Kontrolle eingesetzt, die eine doppelte Überwachungsfunktion erfüllten: Sie vergrößerten das Beobachtungsfeld der Detektive und konfrontierten den Ladendieb mit seinem eigenen Bild, provozierten damit seine soziale Selbstkontrolle.[12]

Zugleich wurden die Kaufhäuser als Sicherheitsbereiche eigenen Zugriffs ausgebaut; mit Prämiensystemen wurden Angestellte und später eigene Detektive zur Aufmerksamkeit angehalten; die Festsetzung des Delinquenten wird als Vorgriff auf die polizeiliche Gewalt üblich, auch wenn sie anfangs durchaus noch umstritten war.[13] Trotz der Einsicht in den verführerischen Charakter der neuen Verkaufslandschaften konnte der Handel schließlich seine Sichtweise des Deliktes durchsetzen, nämlich die alleinige Schuld bei den Ladendieben zu suchen. Nur Zola propagierte die beinahe unparteiische Position, welche die Schuld im Zweifelsfall eher bei dem Herausforderer, dem genialen Warenhausplaner Mouret, ansiedelt. Seinen Lesern hat Zola schon damals, frei vor Brecht, die Frage gestellt, was denn ein Ladendiebstahl wiege angesichts der Gründung eines Warenhauses.

Die Tatsache, daß es gerade Frauen waren, die sich in dem illegalen Erwerbssport hervortaten, ist im gleichen Jahrhundert mit dem Erklärungsmodell der hysterischen Kleptomanie quittiert worden. Die Ladendiebstahl-Forscherin Abelson kritisiert diese Stigmatisierung unter anderem als Trick, mit dem ein uneingestandener gesellschaftlicher Konflikt in die individuelle Psyche verlagert werden sollte.

In der Tat waren es lange Zeit die Frauen, die den wachsenden Widerspruch zwischen den gleichbleibenden Gehältern ihrer Männer und den wachsenden Versprechungen der Konsumgesellschaft an der Ladenkasse auszugleichen hatten, und sie waren es, die ihren Kinderreichtum angesichts der verführerischen Warenangebote zunehmend als Armutsfaktor erleben mußten. Zudem büßten sie in der Umstellung von selbstgefertigten Gebrauchsgütern wie Kleidern und Nahrungsmitteln auf fertig zu kaufende Waren ihre Bedeutung in der familiären Ökonomie ein, ohne daß ihnen eine Teilhabe an der aushäusigen Berufswelt offen gestanden hätte. Da sie auf diese Weise nicht mehr – wie der Mann durch seinen Arbeitslohn – direkt zum Familieneinkommen beitrugen, gerieten sie in eine ökonomisch sekundäre Stellung; die wachsende Abhängigkeit läßt die Diebstähle auch als eine Umwegform der ökonomischen Selbstbehauptung erscheinen.

Die psychologische Erklärung des rasch anwachsenden Deliktes hatte freilich schon damals ihre Grenzen, denn sie galt ausschließlich für Frauen der gehobenen Stände, gleichsam als nachsichtige Attestierung vorübergehender Schuldunfähigkeit, während Frauen der Unterschicht nüchtern als Diebinnen gesehen und behandelt wurden. Für Männer wurde Kleptomanie dagegen nicht als Motiv in Betracht gezogen, vielmehr, wie Abelson an einem historischen Fall zeigen kann, ausdrücklich ausgeschlossen.[14] Die zur Entschuldigung vorgebrachte Ausrede bessergestellter Ladendiebinnen, ihre „physische Unfähigkeit, dem Magnetismus und Zauber der Auslagen zu widerstehen", läßt noch im individuellen Schuldbekenntnis den Erfolg der neuen, aggressiven Marketingstrategie erkennen.[15]

Die Annahme einer spezifischen Disposition des Weibes für den Ladendiebstahl ist längst obsolet, weil Knaben und Männer mit geschätzten sechzig Prozent längst den Hauptanteil der Täter stellen sollen; Kinder und Jugendliche mit 25 Prozent einen rapide wachsenden Anteil, unter dem mit immerhin 13 Prozent die Kinder, also die noch nicht Vierzehnjährigen, rangieren, und das mit wachsender Tendenz.[16] Kinder spielten bereits früh eine beträchtliche Rolle in der Entwicklung der Konsumlandschaften: Schon zu Beginn des 20. Jahrhunderts wurden sie als Verbündete des Handels betrachtet, die zwar selber kein Geld ausgaben, aber ihre Eltern dazu veranlaßten. Dementsprechend begann der Ausbau eines auf Kinder zielenden Marketings, das etwa den Heiligen Nikolaus blasphemisch als Weihnachtsmann ins vorweihnachtliche Warenhaus integrierte: Als ein die Kinder bezaubernder Agent des Handels ist er in amerikanischen Kaufhäusern seit 1880 nachweisbar.[17] Die Rekrutierung der Kinder für die Konsumgesellschaft begann also schon früher als ihre Ausstaffierung mit Taschengeld.

Erst in den letzten Jahrzehnten ist die Erforschung der Konsumgeschichte zum Thema der Wissenschaft geworden, und erst seit wenigen Jahren scheint auch der Handel das Thema des Ladendiebstahls nicht mehr zu tabuisieren. Dem Impressionismus widersprüchlicher und weit voneinander abweichender Statistiken ist jedenfalls anzumerken, daß eine seriöse soziologische Forschung noch in den Anfängen steckt, zumal hierzulande. Sieht man einschlägige Veröffentlichungen durch, dann fällt auf, daß sie sich überwiegend in Vorkehrungen und juristischen Feinheiten erschöpfen, die vom Standpunkt der Warenverkäufer diskutiert werden, während sich das hohe Niveau einzelner amerikanischer Studien nicht nur einem längeren historischen Vorlauf und einer höheren ökonomischen Brisanz des Problems, sondern auch einer weniger voreingenommenen Sicht verdanken dürfte.[18]

Wie soll die soziologische Forschung auch in einem Gebiet vorankommen, in dem die Dunkelziffer auf 90 bis 95, manchmal sogar auf 98 Prozent geschätzt wird? Sollte diese Schätzung zutreffen, dann müßte bei 700 000 jährlich ertappten Ladendieben auf insgesamt zwischen 7 und 35 Millionen Ladendiebstählen allein in der Bundesrepublik geschlossen werden.[19] Auch die Statistiken über die verschwundenen Waren, die der Handel neutral als „Inventurdifferenz" verbucht, sind nicht viel aussagekräftiger, zumal sie auch eine Rolle bei der Steuererklärung spielen – ein Umstand, der den Verdacht nahelegt, die Lage müsse nicht unbedingt so dramatisch sein, wie sie der Handel gerne darstellt.

Die Zahlen weichen auch dort voneinander ab, wo es um die Beliebtheit bestimmter Waren für den illegalen Erwerb geht, doch läßt sich das nicht ganz überraschende Fazit ziehen, daß kleine Gegenstände wie Kosmetika und Schmuck sowie flexible Objekte wie Kleidungsstücke bevorzugt werden, weil sie leicht in Taschen oder unter der Kleidung versteckt werden können; so rangieren auch Kondome, CDs, Spirituosen und Zigaretten hoch auf der Verlustliste.

In kultureller Hinsicht ist es aufschlußreich, daß es sich vor allem um Güter handelt, die der Selbstdarstellung oder dem Vergnügen dienen, um vergleichsweise teure Güter, deren Kauf schwer finanzierbar, deren Besitz aber wünschenswert erscheint.[20] Ladendiebstahl scheint damit bevorzugt in einer Warenzone angesiedelt zu sein, die weniger die lebensnotwendigen Güter als vielmehr solche umfaßt, mit denen sich das „Individuum im öffentlichen Austausch" zur Geltung bringt, wie ein Buch des amerikanischen Soziologen Erving Goffman betitelt ist, oder sich mit seinesgleichen vergnügt.

Letztlich ist der Ladendieb aber nichts anderes als das finanziell unterausgestattete und moralisch entsicherte Gegenstück zum hochwillkommenen Kunden, dem *shopaholic*, der seinem Erwerbsrausch legal nachgeht; beide sind spiegelbildliche Erzeugnisse des großen Menschenversuchs, den Herbert Marcuse als eine psychologische Strategie des Kapitalismus, als repressive Entsublimierung, charakterisiert hat.

Merkwürdigerweise kennt weder der illegale Nebenerwerb des Ladendiebstahls noch der finanzkräftige Kaufrausch eine ausgiebige Bekennerliteratur, wie sie in nahezu allen anderen einstigen Tabuzonen die Regel ist, wo vom Alkoholiker bis zum Ex-Terroristen, vom Masochisten bis zum Drogenkonsumenten, vom Gummifetischisten bis zum Heiratsschwindler nahezu jede noch halbwegs identifizierbare Abweichung biographie- oder zumindest talkshowfähig geworden ist. Vermutlich hat der Ladendiebstahl dafür zu wenig subkulturelles Charisma; er wirkt eher spießig und unspektakulär, beinahe peinlich, als sei man sich einer letztlich parasitären Stellung bewußt, die durch keine sportlichen Rekorde oder Erlebnisse der Schadenfreude aufgewogen werden kann.

Auch in der Kunst, die vom Surrealismus bis zur „Spurensicherung" (Günter Metken) doch zahlreiche Formen des Dingfetischismus durchbuchstabiert hat, trifft man auf Zurückhaltung. Seit Andy Warhols Tagen haben sich Barbara Kruger („I shop therefore I am"), Katharina Fritsch mit ihrem „Wühltisch" und die Konsum-Exhibitionistin Sylvie Fleury, also offenbar ausschließlich Frauen, der Magie des Einkaufens und der Warenaura angenommen. Dagegen scheint allein Hermann Pitz den heimlichen Erwerb zum Thema gemacht zu haben, wenn auch eher unbewußt: 1983 formte er für die Arbeit „U" Gegenstände in Hartgummi ab, von denen er die meisten als Jugendlicher gestohlen hatte, unter anderem in Kaufhäusern. Die Abgüsse wurden 1986 für eine vielbeachtete Ausstellung im öffentlichen Raum des Hamburger Jenisch-Parkes angefertigt und in einer dunklen Ecke des Geländes ausgelegt. Trotz einer aufwendigen unterirdischen Sicherung wurden die meisten dieser Gegenstände entwendet, was den Künstler auf die Spur seiner eigenen Erwerbstechnik zurückführte.[21]

Dieses diskrete *coming out* eines jugendlichen Delinquenten aus gutem Haus, eines Pioniers der gesellschaftlichen Konsumentwicklung, ist von soziologischem Interesse, weil es nicht das Milieu vor Augen führt, an das man zunächst beim Ladendiebstahl denkt, das einer realen Armut von Rentnern, Arbeitslosen, Einwanderern, Sozialhilfeempfängern und hoffnungslos überschuldeten Unterschichtsfamilien, der Beschaffungskriminalität von Drogenabhängigen und der Schattenwirtschaft von Profis, die auf Bestellung klauen.

Auch Elaine S. Abelsons Untersuchung über die Geschichte des Ladendiebstahls konzentriert sich auf die Mittelklasse, die offenbar eine bestimmte Disposition für das Delikt aufweist: Trotz eines höheren Einkommens scheint sie für das Wohlstandsdelikt anfällig zu sein, weil sie auch höhere Ambitionen hat. Gerade in den mittelprächtig verdienenden Kreisen, in denen Konsumgüter mehr denn sonstwo als Statuszeichen funktionieren, grassiert eine Art Milieuarmut, die ihre Defizite im Vergleich ermittelt: Wachsende Differenzierung, die das kulturelle Anliegen des Mittelstandes ist, nährt die Unzufriedenheit.

So gerät der Mittelstand – ohnehin die liebste Zielgruppe der Werbung – zwischen die Fronten von Hypotheken und Dispolimits einerseits und seiner hohen Empfänglichkeit für die Glücksversprechen sozialer Differenzierung und angenehmer Lebensführung andererseits: Wer sich einmal in das Konsumspiel hat hineinziehen lassen, kann bei den Grenzen seiner Etats nicht einfach aufhören. Darin dürfte auch eine Erklärung für das Taschengeld-Paradox liegen: In der Nachkriegszeit, als die Kinder und Jugendlichen, falls überhaupt, über wenig Taschengeld verfügten, wurde weniger geklaut als von ihren heutigen Altersgenossen, die über erheblich mehr Taschengeld verfügen.

Familien geraten ohnehin am stärksten unter Druck, etwa über die Mehrwertsteuer, die ja in Wahrheit eine Konsumsteuer darstellt, die sich auf dem Herstellungs- und Distributionsweg an der Ware ansammelt und an den Endverbraucher weitergegeben wird, der sie komplett zu zahlen hat: Je mehr Konsumenten eine Familie umfaßt, desto größer ist ihr Anteil an dieser Konsumsteuer. So holt sich der Staat (der ja auch über seine Verhältnisse lebt) nach einer Berechnung des „Deutschen Familienverbandes" monatlich etwa 90 DM pro Kind, also rund ein Drittel des Kindergeldes, das er den Familien aushändigt, über die Mehrwertsteuer wieder zurück; bei Jugendlichen dürfte es rund die Hälfte sein.

Familien geraten vor allem deswegen unter Druck, weil Kinder die Teilnehmerzahl am Konsumspiel erhöhen, aber die Etats dividieren – die körperliche und soziale Ausstellungsfläche des Konsums wird vermehrt bei anteiliger Verringerung der Mittel. Andererseits wird die Familie gerne als der Ort gesehen, an dem eine öffentlich längst folgenlos gewordene Moral noch gepflegt und weitergegeben werden kann, aber auch damit ist sie überfordert. Zum einen ist Kindern immer schwieriger klarzumachen, daß sie für den anonymen Erwerb im Kaufhaus zu zahlen haben, denn sie werden nicht mehr in die Welt der Zehn Gebote hineingeboren, sondern in die einer unbedingten Besitzergreifung von Menschen und Material, wie sie in allen Medien propagiert wird. Zum anderen behaupten Eltern ihre familiäre Leitposition kaum noch durch eine sittliche Autorität, sondern vor allem durch ihre Versorgungskompetenz, *vulgo* durch Verwöhnen: Werden die Grenzen dieser Konsumkompetenz sichtbar, ist der Ladendiebstahl der Kinder auch als ökonomischer Autoritätsverlust der Eltern zu verstehen.

Daher dürften Familien – anders als neuerdings der Handel – eher an der Tabuisierung als an der Diskussion dieses Vergehens interessiert sein, falls sie es überhaupt mitbekommen: Da mag ein konservativer Vater, der den Ladendiebstahl – wie manches andere hausgemachte Problem des Kapitalismus – gerne den 68ern in die Schuhe schieben möchte, vorwurfsvoll mit dem APO-Klassiker „Klau mich" von Fritz Teufel und Rainer Langhans wedeln, ohne zu ahnen, daß sein halbwüchsiger Sohn, der 1968 noch nicht einmal von ferne konzipiert war, seine CD-Sammlung schon längst regelmäßig an der Ladenkasse vorbei erweitert.

Ohne Frage haben die 68er der Lockerung der Kaufmoral demonstrativ zugearbeitet. So haben die Mitglieder der legendären Kommune I 1967 die zu ihrem „Lebensunterhalt benötigten Mittel auf niedrigem Finanzvolumen halten können, weil einige – obwohl es noch kein Plastikgeld gab – sich sehr findig mit den Segnungen des bargeldlosen Einkaufens in den großen Kaufhäusern vertraut gemacht hatten", wie Dieter Kunzelmann rückblickend zugibt.[22] Zugleich erschienen ihnen Kaufhäuser als so handgreifliche Metaphern für den „Konsumterror" des Kapitalismus, daß sie zur Brandstiftung aufriefen – zuerst mit den satirischen Mitteln der antiautoritären Bewegung, dann mit den wirklichen des beginnenden Terrorismus.

So wurde für den Ladendiebstahl auch eine politische Legitimität vorstellbar, mit der man sich gleichsam schadlos hielt für die Aggressivität des Konsumdrucks. Wenn sich das Politische so vorteilhaft mit dem Privaten verbinden läßt, kann das schon mal nach revolutionärer Moral aussehen; bereits hundert Jahre zuvor hatte die amerikanische Frauenrechtlerin Elizabeth B. Phelps nach ihrer Festnahme dem Ladendiebstahl eine oppositionelle Deutung zu geben versucht.[23]

Individualmoral ist als Herzstück liberaler Politik allerdings nicht nur durch die – oft sehr moralischen – 68er dementiert worden, sondern auch durch die Revolution des Handels: Es gibt keine Kundenmoral ohne eine des Handels, mit deren Ausbreitung freilich nicht zu rechnen ist, dafür lebt man schließlich immer noch im fröhlichen Kapitalismus des Octave Mouret. Wer jahrzehntelang den unbedingten Konsum gegen jede ökologische und ökonomische Vernunft propagierte, muß sich nicht wundern, wenn dabei auch andere moralische Ressourcen angegriffen wurden.

Außerdem sollte man über die Studenten, die gegen den Kapitalismus und seine Kaufhäuser rebellierten, nicht jene Unternehmer vergessen, die damals die soziale Marktwirtschaft auch so wenig liebten, daß sie sich – wie der Kaufhauskönig Helmut Horten – mit ihren Steuern gleich selber in die Schweiz hinterzogen: Womöglich ist der Ladendiebstahl ja die Steuerhinterziehung der Lohnempfänger, die nur ihr Nettogehalt je zu sehen kriegen und daher auch nichts hinterziehen können.

Jedenfalls ist in der Nachkriegszeit eine Erosion der Kaufmoral zu verzeichnen, die einen klassischen Vorwurf gegen den Liberalismus bekräftigt, der bei seiner Entwicklung von vorgefundenen kulturellen Bedingungen profitiert – gerade auch solchen, die er, wie die religiösen Gebote, eher ablehnt –, diese aber aushöhlt, ohne eigene kulturelle Verbindlichkeiten etablieren zu können.

Freilich würde man sich in die Tasche lügen, wollte man den Diebstahl von Konsumgütern nur als hausgemachtes Problem des Kapitalismus betrachten. Einwohner der einstigen Volksbesserungsanstalten des Warschauer Paktes wissen von einer nicht kodifizierten, aber ausgeklügelten Schattenwirtschaft zu berichten, in der die Konsumgüter unter vielen Beteiligten, dabei vor allem unter den Kontrolleuren, verteilt wurden, *bevor* sie die Läden erreichten: Die sozialistische Vorkehrung gegen den Ladendiebstahl bestand darin, die Güter erst gar nicht in die volkseigenen Läden kommen zu lassen.

Nun ist der Kapitalismus aber, im Gegensatz zum Kommunismus, berühmt dafür, daß seine Marktdynamik gegen seine hausgemachten Probleme immer auch ein Heilmittel erfindet, aber angesichts des Ladendiebstahls zeigt er sich ratlos. Zwar wird mit „Quellensicherung" (die Ware wird schon während der Herstellung gegen Diebstahl gerüstet), „elektronischer Leinensicherung" und der Effizienzsteigerung der Videoüberwachung alles versucht, die einseitige Warenaushändigung zu verhindern. Aber die technische Aufrüstung und selbst der „Niedersächsische Präventionspreis zur Verhinderung von Ladendiebstählen" wird die moralischen Verwerfungen auf beiden Seiten der Verkaufsfront kaum kompensieren können.

Zwar wird wohl kaum jemand der paradoxen Botschaft folgen, welche die Pop-Gruppe „The Smiths" 1986 durch die möglicherweise schon damals geklauten Boxen sandte, „Shoplifters of the World Unite" („Ladendiebe aller Länder, vereinigt Euch"). Aber als neuere Entwicklung hat der Handel schon verbucht, daß der bislang eher verschämt und allein durchgeführte Ladendiebstahl wie schon im 16. und 17. Jahrhundert zunehmend auch wieder von Banden betrieben wird, nur daß diese nicht mehr nach dem Prinzip diskreter und geschickter Arbeitsteilung, sondern nach dem von Einschüchterung und hoher Gewaltbereitschaft operieren. Wer allerdings schon einmal die soziale Beschlagnahmung einer aufgeschreckten Ladendiebin durch einen Ladendetektiv beobachtet hat, weiß, daß diese einer Freiheitsberaubung verblüffend ähnlich sehen kann, ganz zu schweigen von den sexuellen *deals*, die in den geschlossenen Räumen bisweilen vorgeschlagen werden und den Berufsstand der Aufpasser vollends in Verruf gebracht haben.

Dagegen erscheinen die immer früher beginnenden Schlußverkäufe und die *factory outlets* wie ein Kompromißangebot: Sie korrigieren hohe Ladenpreise, die den Ladendiebstahl ja erst richtig interessant werden lassen: Die geklauten Güter lagen 1996 mit einem Drittel über der Marge von fünfzig Mark – mit einer Steigerungsrate von fünf Prozent.[24] Die Selbstregulierung des Handels durch Niedrigpreisreservate schädigt aber die innerstädtischen Anbieter, die neben ihren hohen Mieten auch den Standortnachteil haben, Gelegenheitstätern ohne Verkehrsmittel erreichbar zu sein – für kleine innerstädtische Einzelhandelsgeschäfte dürfte die Entwicklung tatsächlich bedrohlich sein.

Unter ihnen befinden sich Läden, die einen gewissen Sympathiebonus haben, weil ihre Besitzer noch persönlich identifizierbar sind, was beim Ladendiebstahl offenbar eine gewisse moralische Hemmschwelle darstellt. Zu diesen Läden zählen vor allem jene, die mit Kulturgütern wie Büchern handeln, also auch mit Romanen. In diesen findet der Durchschnittskonsument zunehmend Beachtung – etwa in Nicholson Bakers Roman „Rolltreppe oder die Herkunft der Dinge", in Burkhard Spinnens „Langer Samstag" oder in Doris Dörries bemerkenswerter Kurzgeschichte „Kaschmir". Aber auch der Ladendieb und sein *alter ego*, der Kaufhausdetektiv, erfreuen sich wachsender Aufmerksamkeit – in Volker Erbes' „Pumaschuh", in der Kurzgeschichte „Der Infant" aus Spinnens „Kalter Ente", vor allem aber in Geoff Nicholsons „Alles und noch mehr", einer hervorragenden Neuauflage von Zolas „Paradies der Damen".

In den Regalen dieser Läden dürften auch bald die ersten soziologischen Untersuchungen über den allgemeinen Verfall der Konsummoral in den frei zugänglichen Regalen stehen – und man ahnt, was mit ihnen geschehen wird.

II. Die fünf Sinne

Die letzte Zigarette

Eine Fortsetzungsgeschichte

Die erste Zigarette, vor rund vierzig Jahren mit Spielkameraden aus der dörflichen Volksschule in einem leeren Hühnerstall geraucht, stammte aus einer angebrochenen Packung *Mercedes*. Nachdem diese im Zimmer des großen Bruders entdeckt worden war, konnte der kleinere Bruder, unser Gastgeber, zum Ausprobieren überredet werden. Dafür hatte er allerdings zu büßen. Zwar blieben die Wichtigtuer unentdeckt und konnten ihre ersten Zigaretten in aller Ruhe zu Ende rauchen, aber für zwei von ihnen hatte das Folgen, die gegen Abend erkennbar wurden und zu den üblichen Verhören führten – Anfänger, dachte man sich am nächsten Morgen, als auf dem Schulhof die häuslichen Szenen gewürdigt wurden, können ihren Müttern aber auch rein gar nichts verheimlichen!

Die erste Zigarette ist oft der Beginn einer lebenslänglichen Freundschaft zwischen Mensch und Droge, die – wie richtige Freundschaften – ihre Krisen und Schwankungen kennt, Hingabe und Überdruß, abrupte Trennung und sentimentale Wiedervereinigung. Die ersten Stationen lagen in der Kindheit, Nachahmungstaten, deren Motive mit dem Rauchen selbst noch wenig zu tun hatten. Später wurde es zum Abzeichen des Älterwerdens, sich mit Zigaretten sehen zu lassen. Als Signal der Männlichkeit und der Zugehörigkeit zur Berufswelt gab sie den Absolventen der Volksschule, vierzehnjährigen Lehrlingen, den Auftritt von Initiierten.

Für den in die Stadt pendelnden Gymnasiasten blieben die Begegnungen dagegen noch lange Zeit Einzelfälle: Die Packung *Collie* wurde weggeworfen, nachdem man sie vor einem Jagdunterstand hinter dem Bahndamm angebrochen hatte; filterlose Zigaretten mit heute vergessenen Namen wie *Emir* oder *Juno* bestätigten den Verdacht der Ungenießbarkeit; *Simon Arzt* wurde dagegen mit Begeisterung hinter dem Rücken des großen Bruders geraucht, wenn er über der Modelleisenbahn die brennende Zigarette im Aschenbecher vergaß. Später lernte man es, sich mit einer zu Hause gut versteckten Packung *Peter Stuyvesant* auf dem Spielplatz in die Büsche zurückzuziehen: Wer wollte nicht am „Duft der großen weiten Welt" teilhaben; wer konnte in diesem Alter schon so gegen die Werbung imprägniert sein, daß er ihr nicht jeden hinausposaunten Mythos geglaubt hätte?

Jeder Raucher hat noch ein anderes erstes Mal in Erinnerung, nämlich die Erfahrung, die ihn zum dauerhaften Kunden werden ließ; auch die hing mit dem großen Bruder zusammen. Es war seine Hochzeit, bei der man, mit anderen Knaben aus der neuen Verwandtschaft spazierengehend und nicht mehr ganz nüchtern, wie man so sagt: auf den Geschmack kam, in diesem Fall den von *Astor*. Das war in der Quarta, also mit dreizehn. Von da an blieben Zigaretten im Blickfeld, gleichgültig, ob man sie selber rauchte oder nicht. Man lernte, daß Zigaretten vier verschiedene olfaktorische Aggregatzustände haben: Den würzigen Tabakgeruch, den sie aus der frisch geöffneten Packung verströmen; die verführerisch duftende Glutfahne, die sich in die Nasen der Umstehenden kringelt; den harten und trockenen, beinahe nuancenlosen Rauch, den man mit wachsender Indifferenz inhaliert, schließlich den morgendlichen Gestank verqualmter Räume und voller Aschenbecher.

So reifte ein jugendlicher Konsument heran, den Haßliebe immer mehr an das Objekt seiner wachsenden Begierde band. Es gelang ihm sogar in der Obertertia, also mit fünfzehn, für eine Klassenfahrt den erwünschten Zielort durchzusetzen, Konstanz am Bodensee, der geographisch und bildungsbürgerlich begründet sein wollte, in Wahrheit aber vorgeschlagen worden war, um in die Nähe von Ländern zu kommen, wo man auf deutschen Märkten noch nicht beheimatete Marken erwerben konnte. Hier wurde, bei einer Seerundfahrt, die erste *Camel* geraucht, filterlos, wie es sich damals verstand. Daß der aus diesem Grund besuchte Ort später auch zu dem des Studiums wurde, hatte mit Zigaretten nichts zu tun, sondern mit einer Armbewegung des Klassenlehrers, der vom Dachumgang des Jugendherbergsturms in Richtung Mainau gedeutet und eine Universitätsgründung angekündigt hatte. Aber zu der – wie man sieht – folgenreichen Erstbegegnung mit der Bodenseestadt wäre es ohne den Sog der fremden Zigarettenmarken nicht gekommen. Nach diesem Ausflug war er Raucher.

Nimmt man es anfangs noch jeder Zigarette übel, daß sie geraucht weitaus weniger gut schmeckt als gerochen, so richtet man sich später hoffnungsvoll in dieser empirischen Differenz ein: Jede neue Marke verspricht, dieses miese Gesetz zu brechen. Auslandsreisen wurden so zu Testreisen: *Lark*, *Player's Navy Cut* und *Pall*

Mall im London der sechziger Jahre, *Gitanes* in Paris. Zugleich erweiterte die Ansiedlung einer US-Kaserne in Dorfnähe den Speiseplan. Dort ließen sich Zigaretten der Marke *Winston*, die auf dem deutschen Markt noch unbekannt war, gleich stangenweise billig erwerben. Später boten dem Studenten am gut sortierten schweizerischen Seeufer *Sobranie* oder *Parisienne* Abwechslung; im letzten Semester schließlich die bitterscharfe *Yak* in Nepal, wo man auch Bekömmlicheres rauchen konnte, das allen Vorhersagen zum Trotz überhaupt nicht abhängig machte, jedenfalls nicht ihn.

So geht das eben los mit dem Zigarettenrauchen, bis man irgendwann keine Wahl mehr hat, was man freilich erst dann merkt, wenn man sich gegen die gewachsene Abhängigkeit zur Wehr setzen will. Dann erfährt man, zu welchem Typ man gehört, denn man ist entweder Raucher oder Nichtraucher, und es ist dafür völlig unerheblich, ob man raucht oder nicht. Beide Konstitutionen lassen sich leicht unterscheiden, wenn man mit dem Rauchen aufhört: Der Nichtraucher kann jederzeit ohne Rückfallgefahr eine Zigarette annehmen; der Raucher sieht dagegen auch nach Jahren der Abstinenz noch jede Zigarette, die in seiner Umgebung angezündet wird. Wie einen Schlafwandler zieht es ihn in den Fußgängerzonen hinter Passanten her, die eine brennende Zigarette mitführen, deren Fahne ihn irgendwann wieder dazu verführt, selber den heißen Rauch zu inhalieren, obwohl er weiß, daß dieser rein gar nichts mit dem Aroma zu tun hat, dem er nachstellt.

Ein Raucher ist ein Extremfall des Konsumenten, weil es den Herstellern seines Lebensmittels gelungen ist, eine Ware zu entwickeln, die süchtig macht, und sie an Leute zu verkaufen, die mehr oder weniger süchtig gemacht werden wollen. Seit die ebenso diskreten wie erfolgreichen Versuche von Forschungsabteilungen amerikanischer Tabakkonzerne bekannt geworden sind, die suchtstabilisierenden Bestandteile im Körper chemisch noch besser zur Geltung zu bringen, braucht man sich über das Marketing von Zigaretten keine Illusionen mehr zu machen. Freilich sollte man sich auch keine über die Wünsche des Verbrauchers machen: Er will süchtig gemacht werden, seine Klagen über die Abhängigkeit bleiben ambivalent.

Denn trotz des spürbaren Schadens, den sein angebliches Genußmittel binnen kurzem in Lungen und Kreislauf anrichtet, bleibt er dem Stückgut der Befriedigung auch deswegen ergeben, weil

man sich mit kleinen Einkäufen über fast jede Krise und Langeweile hinweghelfen und einer Zigarette nach der anderen den Ga-
raus machen kann. Das schnelle Ende erhöht die Wiederholbarkeit
des Verzehrs, die das herausragende Glücksversprechen der Konsumgesellschaft ist. Die Einverleibung des Rauchs hat weder Sätti-
gung noch Völlegefühl zur Folge, und Überdruß allenfalls am
nächsten Morgen: „Die Cigarette ist der vollendete Typus eines
vollendeten Genusses: Sie ist köstlich und läßt uns unbefriedigt"
(Oscar Wilde).

So ist der Raucher ein idealer Konsument, sein Verzehr ein idealer Konsumakt und die Vermarktung der Zigaretten ein Modellfall.
Man kann sogar den Eindruck haben, daß die Vermarktung des
Tabaks – wie die des Zuckers – der Konsumgesellschaft ein maß-
gebliches Vorbild geliefert hat. Es ist jedenfalls leicht übertragbar:
Schokoriegel entsprechen diesem Genußmodell in der Kürze des
Verzehrs und der Dichte der Lockstoffe, bedürfen allerdings der
körperlichen Entsorgung, Büchsengetränke ebenso. Das der Zigarette ähnlichste Konsumgut ist daher vielleicht der Popsong, der
Schlager, der auch von rein ätherischer Substanz zu sein scheint
und sich trotzdem als saisonaler Ohrwurm im Körper festhakt.

Der stete Triumph des schnellen und ebenso schnell wieder-
holbaren Konsums mündet schließlich in eine Niederlage des
Konsumenten, der aus der kritischen Symbiose keinen Weg mehr
findet. Dann beginnt das weltliche Martyrium des Aufhörens.
Nach einem geläufigen Witz ist dieses Aufhören einfach, denn
schon jedem ist es Dutzende Male gelungen. In Wahrheit ist es
eine Erfahrung von philosophischem Rang, weil sie die Lehre vom
freien Willen schlagend widerlegt. Nach beinahe dreißig Jahren,
in denen einem der Titel immer wieder im Kopf herumgespukt
war, besorgt man sich schließlich Klaus Heinrichs „Versuch über
die Schwierigkeit nein zu sagen", das Handbuch zum Scheitern,
und liest einen Satz wie diesen: „Der Sucht, die ins Leere geht
(und der Gegenstände schließlich nur der Vorwand sind, sie wegzuwerfen), entspricht auf der anderen Seite eine Bewegung, die
auch ins Leere geht (und der die Gegenstände schließlich nur der
Vorwand sind, sich ihnen anzuschließen): die Bewegung des
„Sogs‘." Er steht im letzten Kapitel dieses Buches, das von der
Selbstzerstörung handelt, zu der man selber gerade das letzte
Kapitel schreiben wollte.

So schwierig ist das anfangs nicht: Ein, zwei Monate sind relativ leicht zu schaffen, sogar ein paar Jahre, aber nach den ersten Rückfällen kommt man einem weiteren Gesetz auf die Spur: Ist der Verzicht leicht gefallen, gilt dies auch für den Rückfall. Die letzte Zigarette entpuppt sich dann als Hilfsmittel, irgendwann wieder einmal eine erste rauchen zu können. Nur die wirklich durchkämpften Entscheidungen halten lange: Man muß sich mit dem Verzicht einen eigenen heroischen Mythos schaffen, vor dem jede Gelegenheit des Rückfalls verblaßt. Mit der Zeit verblaßt freilich auch dieser Mythos.

Als dem Enddreißiger schließlich kein Sylvesterschwur und keine Fastenkur mehr halfen, von der täglichen Ration herunterzukommen, und die häusliche Hygienemaßnahme, wegen der Kinder nur noch vor der Tür zu rauchen, im Winter nicht mehr abschreckte, dafür aber die Kopfschmerzen zunahmen, verschaffte eine Kur die letzte Chance zum Ausstieg: Wer in das Reizklima einer Nordseeinsel eintaucht, ist in den ersten Tagen ohnehin so durcheinander, daß man gar nicht mitkriegt, ob man noch raucht oder schon nicht mehr. Doch kommt man dabei einem weiteren Gesetz der Drogenabhängigkeit auf die Spur: Je älter und stärker die Abhängigkeit ist, desto grotesker wird der Entzug.

In diesem Fall halfen nur die pfundweise auf Vorrat gehaltenen Süßigkeiten über die ersten Wochen hinweg – erlesene Bonbons, schließlich hatte man einen neuen Etat –, was um so bizarrer wurde, wie man sie dem Reisebegleiter und Zimmergenossen, dem fünfjährigen Sohn, in verantwortungsvoller Suchtprävention zu verheimlichen suchte. Die beiden Suchtgüter Tabak und Zucker lösten sich mit der einschlägigen Folge einer drastischen Gewichtszunahme ab, so daß der Tabakverzicht sich schließlich zur teuersten Entscheidung des Lebens auswuchs: Kein Sakko paßte mehr, kein Hemdkragen und keine Hose; selbst die nagelneuen, teuren Schuhe mußten verschenkt werden, weil sie plötzlich wie eingeschrumpft erschienen. Die Hälfte dieses Kompensationskonsums läßt sich anschließend wieder abtrainieren, aber die restlichen Kilos reichen allemal für ein neues Outfit – so ist selbst der Tabakverzicht noch eine ideale Konsumgrundlage, auch wenn der Begleitverzehr von Kopfschmerzbrausen, Hustenbonbons, Magentabletten und Vitaminpillen entfällt.

Immerhin waren sieben rauchfreie Jahre die Belohnung für eine wochenlange Qual des Aufhörens, so daß sich der Enthaltsame schließlich geheilt wähnen konnte. Doch galt für ihn ein Gesetz, das nicht unbedingt verallgemeinert werden kann: Nur als notorischer Stubenhocker war er auf der sicheren Seite gewesen, als Heimarbeiter für die Medien und akademischer Wanderprediger. Als erste große Herausforderung entpuppte sich dagegen der Aufstieg in der Arbeitswelt des Brotberufs: Das erste eigene Dienstzimmer in Wohnortnähe kostete ihn die häusliche Souveränität, die sich im Nachhinein als der wichtigste Faktor der Prävention herausstellte.

Nach der langen Enthaltsamkeit, die nur dreimal wirklich gefährdet gewesen war, als man nämlich mit hungrigem Magen in endlosen Sitzungen herumsaß, wurde die erste Zigarette einem besorgten Freund abgebettelt, der eigentlich als Abschreckung hätte dienen können: Harry Kramer saß aufrecht und noch ziemlich lebendig in Reichweite eines Sauerstoffschlauches, den er nur zu benutzen schien, um anschließend wieder eine der zahllosen *Roth-Händle* rauchen zu können, mit denen er seine Lunge ruiniert hatte – tatsächlich ein lebendes *memento mori*. Mit der ersten Zigarette bei dem letzten Gespräch mit Harry waren die sieben Jahre jedenfalls zu Ende, und der zähe Kampf um Wochen und Monate begann erneut.

Zunächst wurde der Rückfall jedoch genutzt, um einen Nachholbedarf zu decken, der weniger mit Tabak als vielmehr mit der Markenaura der Zigarette zu tun hatte: Dem Enthaltsamen waren sieben Jahre lang alle Marken, die er noch nie ausprobiert hatte, besonders ins Auge gefallen, darunter vor allem die schön gestalteten. Mit beinahe wissenschaftlichem Interesse wurden sie nun durchprobiert und zugleich nachgeforscht, ob die Marken, die man als Kind bewundert hatte, noch existierten: *Orienta, Nil, Overstolz, Gelbe Sorte, Finas* und vor allem *Senoussi*, deren Packung die schöne Wüstenszene inzwischen freilich nicht mehr aufgeklebt, sondern nur noch aufgedruckt wird.

Der Rückgriff auf die älteren Sorten verdankte sich nicht nur wohliger Regression, sondern auch einer Enttäuschung: Die Gestaltung neuer Zigarettenmarken ist nicht mehr das Paradefeld jenes erzählfreudigen Design, das raffinierte grafische Effekte mit märchenhaften Motiven verknüpfte; Tom Robbins hat ihm mit seinem Roman „Buntspecht" anhand der Camel-Packung ein

Denkmal gesetzt. Dafür ist der „Ikonophile" (Michel Tournier) besonders empfänglich: Den Mythen des Rauchens ergeben, die viel reicher, weil bilderreicher sind als die des Essens und Trinkens, erreicht ihn die Packung immer auch als Mythenspender, als Bestechungsgeschenk für seine Sucht nach visuellen und narrativen Anregungen.

Schon Ende der siebziger Jahre hatte sie zu einem Abstecher in das Hamburger Archiv der Firma Reemtsma geführt, deren liebevolle Traditionspflege zwar genau den Zeitraum ausgrenzte, den der entlastete Firmenerbe inzwischen untersucht, dafür aber alles auf Vorrat hielt, was das Auge erfreut, inklusive aufwendig gestalteter Publikationen, die das Bücherregal bis heute zieren. Ihr Paradestück, „Ein Bilderbuch vom Tabak und den Freuden des Rauchens", 1960 zum fünfzigjährigen Firmenjubiläum erschienen, beginnt mit genau dem Versprechen, das der Tabak nur selten einlöst – dem göttlichen Vergnügen, das sich aus der kurzfristigen Anregung des Kreislaufs ergeben und für Klarheit der Sinne und Gedanken sorgen soll. Diese Erfahrung mag zwar auch manchem heutigen Raucher zuteil werden, dem Inkagötter nur wenig bedeuten, aber immer seltener, je mehr er raucht.

Denn vom Inbegriff der Muße, vom genußvollen Pausenzeichen, wird die Zigarette schnell zur Arbeitsdroge, die Arbeitern aller Branchen hilft, brachliegende Reserven körperlicher und geistiger Kraft kurzfristig anzuzapfen und dadurch ihre Konstitution langfristig auszupressen. Die morgendliche Zigarette etwa, im Härtefall schon vor dem Frühstück geraucht, verschafft durchaus einen Anflug jener Erfahrung, die Paul Valéry gemacht haben muß, als er sich in frühmorgendlicher Klarheit und langjähriger Disziplin an seine berühmten „Cahiers" setzte: Ideen und Formulierungen fliegen dem Raucher am Beginn des Tages nur so zu. Abends fühlt er sich dagegen wie das HB-Männchen, das ein weiteres Mal gründlich versagt hat. Und irgendwann sitzt man dann in einer Kunstjury für Philip Morris als der einzige Teilnehmer, der noch raucht.

In dem bei Walther König aufgestöberten Buch „Cigarette Package Art" fanden sich die Orientmythen der Tabakwerbung fast alle versammelt; die Gegenwart des Mythos, ein beliebtes Thema der zeitgenössischen Philosophie, läßt sich durchaus auch mit der Bilderwelt des modernen Tabakkonsums belegen und führt dann zu

einer verblüffenden Erkenntnis: Während zahlreiche religiöse Mythen mit der Zeremonie eines rituellen Verzehrs verbunden sind,
versuchte es die Tabakwerbung, einem rituellen Verzehr eigene
Mythen zu stiften.

Ihr Medium ist das Bild, das den Konsumenten nicht nur auf
der Packung erreicht, sondern lange Zeit auch in derselben steckte:
Die Zigarettenbildchen, später ein gesuchtes Gut auf Flohmärkten,
und die dazugehörigen Alben zum Einkleben gaben dem Zigarettenkonsum ein visuelles Umfeld attraktiver Motive, die keinen
Bezug zum Tabak aufweisen mußten, um doch einen Nachteil
seines Konsums aufwiegen zu können: Sie stifteten dem erinnerungslosen Verbrauch sichtbare Spuren. Indem sie den hastigen
Verzehr mit dem Sammeln verbanden, wogen sie den Skandal der
Verschwendung durch die Anlage scheinbar wertvoller Bilderarchive auf, in denen nicht zufällig die bildende Kunst eine herausragende Rolle spielte: Neben den Willen zur Sucht, der sich auf das
Nikotin stützte, trat damit der Wille zur Vollständigkeit, der jeden
Sammler auszeichnet; der Zigarettenkauf wurde darüber zum
zweigleisigen Konsum, die beigelegten Fleißkärtchen zum Kunstgriff der Markenbindung.

Die Kinder produzierten dagegen ihre eigenen Zugabemythen.
Noch ist ein Sommertag der fünfziger Jahre in guter Erinnerung,
an dem sich auf der Hauptstraße des niederrheinischen Dorfes ein
neues Gerücht Geltung verschaffte: Die innen auf den Klebeleisten der Kartonpackungen gedruckten Zahlen brauchte man nur
zu sammeln und in einer bestimmten Anzahl an den Hersteller
zu schicken, um dafür Lederfußbälle und andere attraktive Gegenstände zu erhalten. Sofort setzte eine mehrtägige Suchaktion
nach leeren Zigarettenpackungen ein, die eine intensive Tauschbörse zur Folge hatte, aber nie einen Lederfußball.

Freilich stellen die Packungen nur die Hälfte der visuellen
Angriffsmasse dar, die auf die Kauflust gerichtet wird. Die andere Hälfte bildet die Zeitschriften- und Plakatwerbung, die
längst nicht mehr mit Orientmythen arbeitet, sondern mit solchen der Männlichkeit, der Erotik und des Life-style. Selbst ein
in der Kulturkritik bewanderter Konsument wird sich kaum
eingestehen wollen, wie anfällig man für diese Verführungen
ist; allenfalls die ersten Kapitulationen der Jugendzeit lassen
sich nicht leugnen.

So steht auch nach dreißig Jahren eine Werbeanzeige aus *Newsweek* noch deutlich vor Augen, in der dem Abiturienten eine bis zur Langeweile schöne Frau im roten Licht eines Sonnenuntergangs die Packung von *Pall Mall* ins Hirn pflanzte, was zu einem umgehenden Zigarettenkauf am nächsten Automaten führte, in dem diese Marke natürlich überhaupt nicht auf Vorrat war – so einfach geht das, und aus der Enttäuschung des Ersatzkaufes lernt man nichts. Peinlicher ist die Erinnerung daran, wie der Jungstudent den Lebenskünstler-Habitus der Gauloises-Werbung nachzustellen suchte und eine genüßlich in der heißen Badewanne gerauchte Pfeife ihm den ersten ordentlichen Kreislaufkollaps bescherte.

Solche Zusammenbrüche schrecken auf Dauer genausowenig vom Rauchen ab wie ein ordentlicher Kater vom Alkohol, und die von weitem winkenden Krankheiten wie Krebs oder Schlaganfall stehen nur in seltenen Momenten eindrucksvoll vor Augen, zumal auch der Nichtraucher davon nicht verschont bleibt. Auch verschlägt es wenig, wenn der Staat sich mit warnenden Packungsaufschriften in Konsumgewohnheiten einmischt, von deren Besteuerung er deutlich profitiert. Und welches Recht hätte er überhaupt, sich in das Privatleben seiner Bürger einzuschalten, selbst wenn diese sich willig zeigen, ihre Gesundheit zu ruinieren? Kann er seine Bürger auf deren Gesundheit verpflichten, nur weil er für einen Teil der Folgekosten für ärztliche Behandlung und Krankenhausaufenthalte aufkommt?

Dieses Recht ist schwer zu bestreiten. Weil der Staat in der Arbeitswelt für die Durchsetzung von Normen gesorgt hat, die Unfällen und Berufskrankheiten vorbeugen, könnte er die mehr oder weniger freiwillig herbeigeführten Schäden des Freizeitkonsums als Privatangelegenheit betrachten und seine Unterstützung verweigern – warum sollten Nichtraucher und Abstinenzler mit ihren Steuergeldern die Suchtfolgen von Rauchern und Alkoholikern finanzieren? Allerdings ist es nicht ausgemacht, ob Raucher die Krankenkassen tatsächlich stärker belasten als Nichtraucher, die im Schnitt acht Jahre länger leben.

Lange Zeit ist dieses Problem jedenfalls kaum diskutiert worden; erst die Debatten um die Heroinsucht haben auch den Normalfall der Drogensucht problematisiert, Leberzirrhose und Lungenkrebs, auf die jeder Bürger bis dahin ein vitales Anrecht zu haben schien.

Obwohl es steuerrechtlich inzwischen durchgesetzt worden ist, daß man seine finanziellen Angelegenheiten so ungünstig regeln darf, wie man möchte, und nicht so vernünftig, wie es das Finanzamt für ratsam hält, versucht der Staat in der Gesundheitspolitik sein Menschenbild vormundschaftlich durchsetzen – auch wenn dabei Ekstase und Rausch tabuisiert werden, die manchen Kulturphilosophen, etwa Georges Bataille, als anthropologisch konstitutiv und existentiell unverzichtbar erscheinen.

Dabei formt der Staat seine Bürger allerdings nicht, wie es scheinen könnte, nach seinem Bilde. Die Umsicht, die er ihnen im Umgang mit ihren gesundheitlichen Ressourcen nahelegt, damit sie der Allgemeinheit nicht auf der Tasche liegen, propagiert nämlich eine Rentabilität, deren Kriterien der Staat selber nicht genügt. Denn er ist, wie seine permanente Neuverschuldung und die oft beklagte Verschwendung von Steuergeldern beweisen, selbst überhaupt nicht rentabel, verhält sich vielmehr, wie es ein amerikanischer Ökonom einmal pointiert hat, wie ein *junkie*, der von Steuergeldern abhängig ist und seine Dosis auch ständig erhöhen muß. Vielmehr ist es die Rationalität der Ökonomie, der die genußvolle Selbstzerstörung suspekt ist, jene Mischung aus industrieller Arbeitsform und kapitalistischer Kalkulation, nach deren Bild der Mensch als rentables Wesen geformt worden ist.

Doch ist es an der Politik, dieses Menschenbild auch durchzusetzen. Mit den Mitteln der Kriminalisierung und der Repression ist sie dabei bislang nicht weit gekommen, zumal sie nicht gegen die legalen Drogen angewandt werden können. Kürzlich noch ist ihr sogar das Recht bestritten worden, Konsumenten legaler Suchtmittel gegen ihren Willen zu therapieren: Das schleswig-holsteinische Oberlandesgericht hob 1999 die Entscheidung eines Amtsgerichts wieder auf, das einen bereits entmündigten Trinker zum Zwangsentzug freigegeben hatte.

Erfolgversprechender ist es dagegen, den Konsum legaler und illegaler Drogen gleichermaßen unter die Kuratel einer Gesundheitspolitik zu stellen, die beide Formen der Abhängigkeit als Krankheit definiert, wie es etwa die Drogenbeauftragte der rotgrünen Bundesregierung, Christa Nickels, propagierte. Doch würde sich dabei das medizinische Vorsorgesystem zu einer Gesundheitspolizei auswachsen und zudem die ärztliche Schweigepflicht gefährdet. So wird der Staat sich kaum an den Süchtigen selber schadlos halten und allenfalls Rauchverbote in öffentlichen Räumen durchsetzen können.

Angesichts dieses Dilemmas gerieten, wie die Entwicklung in den USA zeigte, jedoch auch die Produzenten der legalen Drogen ins Blickfeld, also die Zigarettenhersteller: Sie mußten sich mit Milliardensummen an den Kosten beteiligen, die im Gesundheitswesen für die Betreuung der Tabakopfer errechnet worden sind. Manche amerikanischen Bürger folgten dem Vorbild des Staates und verklagten die Zigarettenhersteller nun auch auf privaten Schadenersatz für Krebs und Kreislaufleiden – wozu freilich einige Chuzpe gehört: Wer jahrzehntelang um die Risiken des Rauchens weiß und trotzdem nicht davon abläßt, kann doch wohl die Schuld nicht allein bei den Herstellern suchen, selbst wenn sie die Gefahren des Rauchens systematisch verniedlicht haben sollten.

Erfahrungsgemäß extrapolieren Süchtige aber ihr Problem gerne auf andere, auf Freunde und Partner, denen sie die Schuld zuschieben oder die sie um Kontrolle bitten und damit zur Instanz einer Verantwortung machen, die selber zu übernehmen sie nicht mehr bereit oder imstande sind. Die Hersteller von Zigaretten für die Folgen des persönlichen Konsums zu verklagen, ist nur eine besonders bigotte Spielart dieser Extrapolation von persönlicher Verantwortung; Christopher Buckley hat in seinem abgründigen Roman „Danke, daß Sie hier rauchen" alle Spielarten der Kasuistik durchexerziert, die im Umfeld dieser Konflikte blüht. Der Staat handelt dagegen nicht bigott, wenn er das inkriminierte Genußmittel weiterhin besteuert, denn die Besteuerung läßt sich auch als eine Art vorbeugender Konsumzensur verstehen. Diese Rationalität gerät allerdings in einen Zielkonflikt, wenn es gilt, Konsumgüter zu tabuisieren, die für den Staat zu den profitabelsten Waren gehören, weil er sie sowohl beim Hersteller wie beim Konsumenten besteuern kann.

Profitabel ist die Tabakvermarktung freilich nicht nur für den Fiskus: Die Rationalisierung der Zigarettenherstellung war ein Paradefall industrieller Produktivitätssteigerung, und die Vermarktung des Tabaks ist immer noch einer der Bewußtseinsindustrie: Dort setzt sie schließlich, wie bei der Diskussion um ein Werbeverbot für Tabak allen Ernstes ins Feld geführt wird, zahlreiche Menschen ins Brot, vom Werbeagenten bis zum Plakatkleber.

Diese Diskussionen dürften freilich wenig Auswirkungen auf die eher triste Drogenkultur der Industriegesellschaft haben: Die Arbeitsdrogen Kaffee, Tee, Tabak und Alkohol können weiterhin propagiert werden, während die sogenannten bewußtseinserweiternden, für das Bewußtsein freilich auch riskanteren Rauschmittel verboten bleiben, auch die „weichen". Zwar wird die Duldung oder gar Freigabe solcher Drogen immer mal wieder diskutiert; ob es sich aber lohnt, ihre offizielle Zulassung zu fordern, ist nicht nur in pädagogischer Hinsicht fragwürdig.

Denn viele, die sich ihrer bedient haben, kehren schließlich doch wieder zu den beiden großen und sozial akzeptierten Suchtmitteln, Alkohol und Tabak, zurück, deren Vorrangstellung damit nur bestätigt wird. So hat sich Leonard Cohen in einem Fernseh-Interview zu einer originellen Altersmischung aus Buddhismus und Alkoholismus bekannt und ein bewegendes Plädoyer für den Promillespender geliefert: Alkohol ist sein Produktionsmittel, und das überrascht wenig, zählt er doch zu den gängigen Zwangsmaßnahmen der Inspiration, wenn die Muse wieder einmal ausbleibt, von der mancher gerne wissen würde, was sie die meiste Zeit eigentlich so treibt.

Die Literatur über die Produktionsmittel der geistigen Arbeit ist entsprechend umfangreich: Von Thomas de Quinceys „Bekenntnissen eines englischen Opiumessers" über Charles Baudelaires Verteidigung des Haschisch bis zu Guillaume Apollinaires Gedicht-Zyklus „Alcools" reicht die Liste der modernen Klassiker. Der Zigarette scheint dagegen bislang keine entsprechende literarische Würdigung zuteil geworden zu sein; vermutlich verdient sie auch keine. Anders als die verbotenen Drogen und selbst der Alkohol hat ihr Verzehr kein Charisma; sie ist nicht einmal mehr so mondän, daß es einen Maler, wie noch Max Beckmann, interessieren könnte, sie demonstrativ in Selbstportraits einzubauen: Anders als die Zigarre charakterisiert sie ihren Verbraucher nicht als meditativen Genußmenschen, sondern als hektischen Suchtsklaven – ein kultureller Standort-Nachteil, den sie nur durch die statistische Häufigkeit ihres Konsums kompensieren kann.

Allenfalls in der Fotografie, wo der Rauch zum Ereignis wird, kann sie nach wie vor auftrumpfen; erst recht natürlich im Film. Die Rolle der Zigarette im Film wäre einer eigenen Betrachtung wert, schon allein weil diese Symbiose der erste Fall eines *product placement* gewesen sein dürfte, das allerdings noch nicht auf die Unterscheidbarkeit der Marken, sondern auf die Propagierung einer Konsumgewohnheit zielte. Als männlich kodiert, diente der Zigarettenkonsum, etwa im Fall mancher Chandler- und Hammett-Verfilmungen, zur Charakterisierung der verschlossenen Leidensfähigkeit des heroischen Aufklärers, die Humphrey Bogart melancholisch herunterrauchte. Zugleich konnten die weiblichen Darsteller durch ihren Zigarettenkonsum als besonders abgebrüht und rätselhaft erscheinen, wie etwa Lauren Bacall und Marlene Dietrich. Die Identifizierung der Marke konnte dagegen durchaus von Nachteil sein, wie in dem Film „M", wo der Kindermörder durch seine ausgefallene Zigarettenmarke dingfest gemacht wird – ein heute undenkbarer Verstoß gegen die Bildermarktwirtschaft.

Im Film ist der Zigarette schließlich auch ihre demonstrative Drogenfeier widerfahren, in „Smoke" und „Blue in the Face" – sollte Jean-Luc Godard die Zigarette als Droge der Filmemacher reklamiert haben, so hat der Schriftsteller Paul Auster sie mit diesen Filmen für sein Metier zurückverlangt. Aber es ist bezeichnend, daß der einschlägige Roman über das Rauchen geradezu zwanghaft auf das Thema des Aufhörens konzentriert ist, nämlich Italo Svevos „Zeno Cosini".

So lebt man als geistiger Arbeiter im festen Griff der Arbeitsdroge, und damit in einer lebenslänglichen Auseinandersetzung mit schwankender Bilanz. Nach der zügigen Würdigung der noch auffindbaren Nobelmarken endete übrigens der Luxuskonsum, für den die Zigarette längst nicht mehr Inbegriff ist, und man landete ohne nachvollziehbare Motivation wieder bei *Marlboro* – nicht wegen irgendwelcher Lagerfeuerträume, sondern vermutlich weil ihre Packung visuell zu den schlagkräftigsten zählt. Die von *HB* zum Beispiel wirkt dagegen bieder; die langweilige und kontrastlose *Ernte 23* war ebenfalls nie ernsthaft in Frage gekommen, erst recht nicht die spießigen Light-Marken *Lord Extra* oder *R6*.

Auch die letzte erste Zigarette verdankte sich dieser visuellen Qualität, und zwar der direkten Keimübertragung durch einen engen Konsumverwandten: Seine zuvor nie gesehene Packung mit Filterzigaretten war nur allzu bekannt, knüpfte sie doch an eine der schönsten an, die der Markt zu bieten hat, die blaue der filterlosen *Nil*, mit der die befilterte wenig gemeinsam hat, nicht einmal den Tabak, am allerwenigsten ägyptischen, dafür aber eben das Packungsdesign.

Ohne große Werbung eingeführt, ging die Marketingstrategie für die neue Zigarette auch bei dem ahnungslosen Erstkonsumenten auf, der genau dem Milieu zugehört, das als Marktschleuse genutzt wurde, dem der Künste: Dankbar für das ostentative Nicht-Marketing in den üblichen Medien begreift man zu spät, wenn man selber als Medium vorgesehen ist. Als Filterzigarette ist *Nil* die erste Designerdroge auf dem Tabakmarkt: Von ihrer weißblauen Packung bezaubert, möchte der Konsument gar nicht wissen, welche schonenden Mittel dem Tabak beigemischt werden, damit der reichlich portionierte Suchtstoff in Magen und Lunge auf so überraschend wenig Widerstand stößt.

Mag der weiße Adler auf der blauen Packung auch ziemlich un-ägyptisch erscheinen, so ist unterhalb des Filters doch eine stilisierte Nilbarke zu erkennen, deren Fährmann einem Raucher nur suspekt erscheinen kann. So sitzt man dann irgendwann ein weiteres Mal vor der letzten Zigarette, diesmal eben beim Abschied von *Nil*, nicht zuletzt, um das Geld zu sparen und vielleicht einmal den richtigen zu besuchen, wo man als deutscher Tourist bekanntlich auch sterben kann, aber nicht so, daß als Epitaph die Parodie der Grabsteinaufschrift des englischen Dichters Keats fällig würde: *Here lies one whose name was writ in smoke.*

Heißes Wasser

Tee im Selbstversuch

Kinder amüsieren sich bei der Lektüre von „Asterix in Britannien"
schon früh darüber, wie die Engländer sich regelmäßig um fünf
Uhr nachmittags aus den Schlachten gegen die Gallier zurückzie-
hen, um heißes Wasser zu trinken, aber sie verstehen den Witz erst,
wenn sie entdecken, daß es sich dabei um Tee handelt und um ein
Ritual, das weniger der keltischen Folklore als vielmehr der Sphäre
des modernen Konsums angehört.

Auch die Literatur, die dem schwarzen Tee gewidmet ist, aro-
matisiert den hiesigen Konsum gerne mit Folklore, in diesem Fall
ostasiatischer. Dann findet man einen chinesischen Mönch zitiert,
der den spirituellen Genossen seiner einsamen Meditationen preist;
eine Darstellung der japanischen Teezeremonie, wie sie in den Bü-
ros von Tokio schon exotischer wirken müßte als hierzulande;
schließlich den legendären koreanischen Arzt, der eine medizinische Unbedenklichkeitsbescheinigung ausstellt und darüber hinaus
noch viele heilsame Wirkungen benennen kann.

Auch deshalb gilt der Tee immer noch als das exotischste Getränk unter den importierten Muntermachern, was seiner Einge-
meindung in die europäische Konsumgemeinschaft nicht unbedingt förderlich gewesen ist. Exotisch ist er schon allein deswegen,
weil sich die Kenntnis seiner Zubereitung in Europa nie richtig
verbreitet hat; das weiß jeder, der dem sprichwörtlichen Rat „Teetrinker dürfen nicht reisen" zuwiderhandelt. In Hotels und Restaurants, erst recht in Speisewagen und Flugzeugen kann man meist
nur als Giftanschlag würdigen, was als Tee angeboten wird.

Am meisten hat der Verbreitung des Tees freilich geschadet, was
man jahrzehntelang als solchen in kleine Papiertaschen abgefüllt
hat. Kenner trugen daher Beutel eines englischen Teeverlegers mit
sich herum, der am Geschmack seiner Kundschaft ein gewisses Interesse erkennen ließ, und bestellten im Café tatsächlich nur heißes
Wasser. Inzwischen gibt es auch deutsche Lieferanten (und Cafés),
die aus dem verheerenden Imageschaden des Teebeutels gelernt haben und diskutable Portionstaschen anbieten. Freilich empfiehlt es
sich auch hier, sie vom heißen Wasser gesondert zu bestellen, um
die Kontrolle darüber zu behalten, wie lange der Tee zieht. Kellner

aller europäischen Nationen sind nämlich der Meinung, er würde um so besser schmecken, je länger er gezogen hat, was ein weiteres Mal den Kunden das Lehrgeld zahlen läßt.

Der Tee ist aber nicht nur ein Genußmittel, sondern gehört auch zu den bürgerlichen Arbeitsdrogen. Doch paßt er nicht so recht in die Arbeitswelt, weil seine Zubereitung nicht zufriedenstellend automatisierbar, ja nicht einmal delegierbar ist: Tee ist ein sehr persönliches und häusliches Getränk, was nicht ganz so schlimm wäre, wenn manches Versandhaus daraus nicht den Vorteil zu ziehen versuchte, ihn zum Inbegriff der Gemütlichkeit zu machen oder durch abenteuerliche Aromatisierungen als eine Art alkoholfreien Glühwein zu positionieren. Wer den Tee für gemütlich hält, verfehlt ihn in seiner Sonderstellung, denn fremd ist er nicht nur hinsichtlich seiner Zubereitung geblieben, sondern auch in Wirkung und Charakter.

Das hängt zunächst mit seiner Unauffälligkeit zusammen. Er taugt weder für die Hektik der Arbeitswelt, noch hat er ein subkulturelles Charisma. Ohne das Draufgängertum des Kaffees und ohne ein spektakuläres Freizeitimage wirkt er eher bieder. Anders als Kaffee und Alkohol hält der Tee sein Stimmungshoch in der Tat flach, aber dafür länger – der Enthusiasmus des Kaffeetrinkers ist kurzlebig, der Teetrinker dagegen bewahrt den Überblick. Steigert der Kaffee die Arbeitsenergie in einer Weise, die sich vor allem im Tempo niederschlägt, so fördert der Tee den Tiefgang. Will der Kaffeetrinker seine Arbeit erledigen, so will der Teetrinker arbeiten, ohne hinterher erledigt zu sein. Er ist daher die passende Arbeitsdroge für die erfahrungsgemäß manisch-depressiven Kreativen, weil er nämlich die stimmungsmäßigen Sinuskurven flach hält, die der Kaffee weit ausschlagen läßt. Wenn der Tee bieder wirkt, dann nur, weil er unter allen Arbeitsdrogen die bescheidenste ist.

Bescheiden mag Kettenrauchern und Koksern auch das Vergnügen erscheinen, das er dem Müßigen bereitet: Es ist eine hohe Stufe in der Kulturübung des Denkens, nämlich der artengefährdete Zustand der Konzentration. Damit ist nicht die völlige Absorbierung der Aufmerksamkeit gemeint, mit der Computerjunkies sich durch ihre Ablagen und Programme wühlen, und nicht die leicht hysterische Geistesabwesenheit des Planers, der versucht, alle auseinanderstrebenden Einzelteile unter einen Hut zu bringen, sondern eine flexible Verbindung sinnlicher Aufmerksamkeit mit gedanklicher Klarsicht, die sich ihren Gegenstand frei wählt.

Ist der Kaffee das passende Stimulans für den Planer, weil er an alle brachliegenden Reserven des Zweckoptimismus appelliert, so ist der Tee eher ein skeptisches Getränk, das dennoch heiter stimmt – als habe die Raumtemperatur und die Helligkeit sich unmerklich angehoben und die Dinge ein leichter Glanz überzogen. So verschafft er eine minimale Bewußtseinsveränderung ohne die groben Wahrnehmungsverzerrungen der angeblich bewußtseinserweiternden Drogen, deren Benutzer ihrer Umwelt wahlweise mit Größenwahn, Geschwätz oder paranoider Hektik auf die Nerven gehen.

Daher ist er auch der Geselligkeit förderlich: Anders als die Substanzen, deren Benutzer sich abkapseln, und anders als der launische Alkohol ist der Tee von hoher sozialer Verbindlichkeit, ohne daß, wie beim Kaffee, in kurzer Zeit alle durcheinander reden. Im 18. Jahrhundert wurde er beinahe sprichwörtlich für sensible Gesprächsrunden und Salons, in denen vornehmlich die Damen über Literatur und Kunst plauderten – für jenen „ästhetischen Thee", den Heinrich Heine zu Unrecht verspottete, weil er mit seinen Liebesgedichten und Affairen einer seiner besten Themenlieferanten gewesen sein dürfte; freilich auch für den Kaffeeklatsch, der, wie Wolfgang Schivelbusch dokumentiert hat, im gleichen Zeitraum in Verruf geriet.

Ästhetischer als viele andere Substanzen ist der Tee auch darin, daß die für seinen Genuß notwendigen Gefäße die Gestalter aller Zeiten herausgefordert haben: Von der japanischen Keramik bis zu den Entwürfen eines Walter Gropius reichen überragende Beispiele handwerklicher Fürsorge; gerade in Europa muß die Prominenz der Gestaltungsaufgabe angesichts des lange Zeit vergleichsweise geringen Konsums erstaunen. Freilich würde nur ein Romantiker sie durch die Liebe zum Getränk erklären: Wenn in der Moderne gerne Gefäße für Tee entworfen wurden, verriet das wohl eher die kommerzielle Kalkulation auf ein finanzkräftiges und geschmackssicheres Bürgertum denn einen allgemeinen Anstieg des Konsums.

Dem Anstieg des Konsums wäre es zweifellos förderlicher gewesen, hätte man auch den Tee in das Spiel des zeichenhaften Konsums einbeziehen können. Aber die Natur kennt keine Marken, sondern nur Sorten und Lagen, und deren gegenseitige Aufladung ist den Teeverlegern nicht annähernd so gut gelungen wie den Winzern. Lange Zeit waren gerade Markenanbieter für die Tristesse der Teebeutel mit ihrer staubnahen Bruchware verantwortlich, während der verständige Kunde auf Versandhäuser oder Spezialläden angewiesen blieb, die sich neben den florierenden Filialen der Kaffeekonzerne wie die Anlaufstellen eines untergehenden Geheimkultes ausnahmen; das hat sich inzwischen geändert.

Es war dem Ansehen des Tees nie sehr förderlich, daß er mit der banalsten Substanz hergestellt wird, die der Haushalt kennt, eben mit heißem Wasser, das uns hier aber nicht, wie unter Teetrinkern notorisch, in geschmacklicher Hinsicht beschäftigen soll, sondern in philosophischer. Denn auch Leitungswasser ist keine unverdächtige Substanz mehr, seit Wolf Wondratschek es vor Jahren für eine plausible Selbstkritik verwandte: „Ich redete drauflos", heißt es im Prolog zu seinem Gedichtband „Chuck's Zimmer", „besoffen vom Leitungswasser wie alle Marxisten".

Das ist keine schlechte Charakterisierung für den nüchternen Rausch der Dialektik. Was Wondratschek satirisch auf Marxisten münzte, paßt daher auch auf den nächsten in dieser philosophischen Nahrungskette, den Teetrinker, der ernüchtert genug ist, um nicht mehr Marxist zu sein, aber nüchtern genug, um Materialist zu bleiben: Selbst nach Jahren des intensiven Verzehrs ist er nicht, wie die Nutzer anderer Drogen, gefährdet, der Esoterik anheimzufallen – auch nicht der Esoterik des zeichenhaften Konsums.

Kirmesmusik

Eine Infiltration

Große Zugwagen mit hohen und breiten Reifen; ein Fahrerhaus hinter einer gewaltigen Motorhaube; daneben ein senkrechter Auspuff, auf dem ein kleiner Deckel tanzt: In der Erinnerung werden sie zu Trucks, Überbleibsel des letzten Krieges, aufgekauft aus den Ausmusterungsbeständen der siegreichen US-Armee. Hell lackiert, in der Tarnfarbe des Friedens, der *pax americana*, zogen sie bis zu zwei Anhänger, auf denen Bretter, Pfosten und Planen lagen.

Kaum hatten sie am ungepflasterten Kirmesplatz in der Dorfmitte gehalten, versammelten sich die Kinder, begierig, beim Abladen jede Art unerwünschter Hilfe zu leisten. Verwegen aussehende Männer sprangen aus den Fahrerhäusern. Es war Ende Mai oder Anfang Juni, in jedem Fall die Woche nach Pfingsten, und meistens war es warm. So arbeiteten sie im Unterhemd, und auf ihren Armen waren Tätowierungen zu sehen. In mürrischer Eile zogen sie ein großes Bierzelt hoch und zimmerten mit hallenden Hammerschlägen den Tanzboden zusammen.

Beim Überziehen der Zeltplanen durften die Kinder tatsächlich mithelfen. Es roch nach Holz, Bohnerwachs und schalem Bier; beim Nachlaufen zwischen den Tischen und Bänken knallten die Schritte laut auf den Holzplanken, in den wenigen Stunden, in denen die Zelte noch den Kindern gehörten, bevor die Erwachsenen darin ihren nächtlichen Ritualen nachgehen sollten, die dem Vernehmen nach in Trinken und Tanzen bestanden.

Danach wurde der Parcours für die Selbstfahrer aufgebaut, die Raupe, das Karussell, ein paar Buden. Dann kamen die Wohnwagen der Kirmesleute. Die erfolgreicheren unter ihnen besaßen schon lange, moderne Wohnwagen statt der hölzernen, die ansonsten als Behausung dienten und mit denen ab und zu auch noch Zigeuner über die Hauptstraße zogen.

Die Kirmes fand zum Schützenfest statt, in einem rheinischen Dorf in den fünfziger Jahren der Höhepunkt des Jahres und ein weithin traditionelles Vergnügen, das in diesem Fall allerdings erst 1936 eingeführt worden war, und zwar ausdrücklich als Heimatfest. Es hätte auch früher eingeführt werden können, denn das Rheinland war schon vorher sentimental und trinkfest. Aber es waren Hakenkreuzfahnen, die an der Dorfkreuzung den ersten Festumzug flankierten, und die Anführer der örtlichen SA, die zwei Jahre später die wenigen Juden des Dorfes drangsalierten, gefielen sich vor und – sofern sie ihn überlebt hatten – nach dem Krieg auch im Schützenzug in führenden Rollen.

Andere kamen hinzu, die nichts mehr wußten oder wissen wollten von den Hakenkreuzfahnen. Auch ich wußte davon nichts, als ich in kurzen Hosen dem Fest entgegenfieberte. Für mich zählten nur die Buden und die Musik und der Geruch nach billigen Zigarren, der Inbegriff des Festes, das nun begann.

Zahlreiche Kapellen marschierten durch das gleichnamige Dorf, dessen Straßen von rot-weißen Fahnen flankiert und mit Wimpeln überspannt waren; mit Trommeln und Querpfeifen, Pauken und Glockenspielern trotteten sie im Zug der Schützenvereine hinter ihrem Tambourmajor her. Sie spielten Märsche, auch den Badenweiler, den ich am liebsten hörte, ohne zu ahnen, welche anderen Verehrer er schon gehabt hatte. Meine musikalische Früherziehung lag in den Händen dieser Musikvereine; mein erstes erhabenes Erlebnis war der Zapfenstreich am Kriegerdenkmal, zum feierlichen Totengedenken, das damals übrigens nur den gefallenen Kriegsteilnehmern des Dorfes galt.

Der Kirmesplatz lag schräg gegenüber unserem Haus, keine fünfzig Meter entfernt. Wenn die noch wenigen Autobesitzer unter den Kirmesbesuchern ihren Wagen in der Nähe des Festzeltes parkten, geschah das auf der Straße unter meinem Schlafzimmerfenster. War es sommerlich, stand es hinter auf Spalt gestellten Rollladen offen; nach Mitternacht wurde ich vom Schlagen der Autotüren wach und döste über dem Stimmengewirr der Heimkehrenden wieder ein, über dem Gekicher der Paare, die sich vielleicht gerade erst gefunden hatten, dem Anspringen der Motoren, dem unsicheren Gesang der heimkehrenden Betrunkenen.

Natürlich nahm ich an den abendlichen Vergnügungen nicht teil. Nach dem opulenten Fackelzug am Samstagabend, für den die Straßenfenster mit Teelichtern in bunten Plastikbechern geschmückt worden waren, hatte ich ins Bett zu gehen, und bald schlief ich wohl auch, trotz der Musik, die noch lange die Nacht beherrschte. Sie kam aus dem Zelt, wo eine Blaskapelle den *Schneewalzer* spielte, *La Paloma* und andere Klassiker populärer Tanzmusik.

Aber wenn die Kapelle Pausen einlegte, kam sie vom weiter entfernten Selbstfahrerzelt oder von der Raupe. Tagsüber waren hier Caterina Valente zu hören oder Fred Bertelmann, also das Familienprogramm. Aber nachts wurde dort andere Musik gespielt, für die Halbstarken und Nachtschwärmer, eine, die ich vorher nie gehört hatte und auch sonst nicht zu hören bekam. Sie belagerte meinen Schlaf bis tief in die Nacht; aber am nächsten Morgen hätte ich nichts Genaues darüber sagen können.

Wenig später hätte dem Gymnasiasten freilich auffallen können, daß die Musik mancher Beat-Bands, die Anfang der sechziger Jahre auftauchten, ihm eigentümlich bekannt vorkam. Arrangements und Rhythmen, sogar einige der Melodien – *Don't know much about history* – klangen so vertraut, als hätte man nie etwas anderes gehört, und das ließ den Einstiegskonsum in die neue Musik wie eine Heimkehr erscheinen. Erst viel später wurde mir klar, wie viele Cover-Versionen amerikanischer Hits der späten fünfziger Jahre die englischen Bands der sechziger Jahre gespielt hatten – Vorbilder, die ich im Schlaf auswendig gelernt hatte, ohne jemals abgefragt worden zu sein.

Einer Theorie zufolge, die ich nie überprüft habe, kann man Fremdsprachen im Schlaf erlernen. Was ich dagegen durchaus im Schlaf gelernt und tatsächlich nicht vergessen hatte, waren die aus Gospel und Rhythm'n'Blues zusammengesetzten Hits von Sam Cooke und Ray Charles, das hybride Rock-Belcanto eines Buddy Holly und Chuck Berrys geniale Phrasierung sowie die Teenagerballaden der Platters und Drifters: Das Versprechen der Sprachlerninstitute, hier ist es erfüllt worden. Niemanden dieser Sänger und Gruppen hätte ich namhaft machen können, allenfalls Elvis Presley oder Cliff Richard waren mir geläufig. Aber auch ohne daß ich von irgendetwas wußte, war ich für diese Musik gewonnen: Die Amerikanisierung hatte mich im Schlaf erreicht – und das während eines Heimatfestes.

Der Umschwung kam nicht plötzlich: Noch lange, nachdem im Schlaf *the real thing* zu hören gewesen war, begnügte ich mich im Wachzustand mit Schlagern. Ihr Erscheinungsort war das Radio, das einzige elektrische Medium eines Haushaltes, der die gesamten fünfziger Jahre ohne Fernseher und bis in die sechziger ohne Plattenspieler oder gar Tonband auskam. Vor dem in dunklem Holz gefaßten, repräsentativen Kasten aus dem Schwarzwald, nämlich von *Saba*, hatte schon das Kind beim morgendlichen Werbefunk so viele Ferienstunden verbracht, daß die Mutter den heranreifenden Stubenhocker zum Spiel in frischer Luft ermahnen mußte. Das Warten darauf, daß die Lieblingsstücke gespielt würden, die Faszination durch die vollen und zugleich körperlosen Stimmen der Moderatoren und die Hörspiel-Magie der eingeblendeten Werbung rahmten einen konzentrierten Schlagerkonsum, den als musikalische und literarische Unterversorgung zu erkennen der nötige Kontrast fehlte.

Lange Zeit beherrschte, einer nachbarlichen Empfehlung folgend, Radio Luxemburg den familiären Musikkonsum, der deutschsprachige Kanal, auf dem angelsächsische Hits dem Hörer allenfalls in einheimischen Versionen zugemutet wurden. Dagegen begann die Pop-Musik auch tagsüber den Kirmesplatz zu erobern: Die hinreißend schrille Hammondorgel aus Del Shannon's *Runaway* beherrschte im Sommer 1961 den Soundtrack des Heimatfestes, die Märsche verblaßten zur Folklore.

Diese Musik auch im Radio zu finden erwies sich dagegen als schwierig. Der englische Kanal von Radio Luxemburg, 1962 auf der Langwelle entdeckt, war mit Bryan Hyland, Bobby Darin oder Neil Sedaka ein stark rauschender Sender auf dem noch mit Beromünster und Stavanger markierten Stationsfeld; die holländische Mittelwellen-Version spülte 1963 die Beatles nicht eben audiophil ins Haus, aber bereits konfliktträchtig. Denn der Radioapparat war – neben einem inzwischen angeschlossenen Plattenspieler – das einzige Musikmedium für sechs Personen, so daß es manchmal mit Streit verbunden war, die Musik hören zu können, die unter den ältesten Geschwistern und den Eltern wenig Sympathien besaß. Noch lange galt der Mutter explizit als „Kirmesmusik", was der Jüngste nun konsumierte und sie ihm vergeblich zu verbieten versuchte.

Erst der Hinweis auf einen britischen Soldatensender brachte im Sommer 1964 endlich UKW-Qualität ins Spiel: Man verstand den „British Forces Broadcasting Service" nicht als das Medium der immer noch anwesenden Besatzungsmacht, sondern als das erste klare Fenster in eine andere Welt. Jahrelang wurden nun wöchentlich die Top Twenty abgehört, zumal es das frisch erstandene Kofferradio des nächstälteren Bruders erlaubte, den Konsum aus der häuslichen Konfliktzone zu verlagern. Hier kam es zu unvergeßlichen Erstbegegnungen mit dem *Little Red Rooster* der Rolling Stones, *You really got me* der Kinks oder dem *House of the Rising Sun* der Animals, das dann als erste Pop-Single gekauft wurde.

Angeschlossen an die Medien eines weit verzweigten Clans von Gleichgesinnten, fühlte ich mich nun als Teil einer internationalen Jugendkultur, die mehr zählte als alles andere; die Dorfkindheit, in der ich mich bis dahin gut aufgehoben gefühlt hatte, war zu Ende. Wenig später wurde der *New Musical Express* am Düsseldorfer Bahnhofskiosk entdeckt und vom Taschengeld abonniert; die Erlaubnis der skeptischen Eltern war mit dem Argument der Verbesserung der Englischkenntnisse erwirkt worden. Nach der Lektüre ging das Blatt durch die Hände mehrerer Klassenkameraden.

Nun muß der Leser nicht befürchten, daß hier die Erweckungsgeschichte noch weiter zelebriert wird, die sich in der Pop-Literatur stets um die Beat-Initiation rankt. An ihr ist ohnehin das aufschlußreichste, daß sie feste Topoi kennt, die *nolens volens* auch in diesem Text vorkommen: Die Mediensozialisation ist eben nicht so individuell, wie sie dem begeisterten Konsumenten vorkommt, der sich freigelassen fühlt, aber nur an andere Waren- und Medienkanäle angeschlossen wird.

Auch der Einfall der angelsächsischen Popkultur in die deutschen Nachkriegsverhältnisse, dem vor Jahren bereits ein Kapitel des Buches „Der lange Marsch durch die Illusionen" gewidmet wurde, soll hier nicht im Mittelpunkt stehen; noch die Geschichte einer Mediensozialisation fortgeschrieben werden, als deren nächste und entscheidende Instanz vom Ferienverdienst ein Grundig-Tonband (Mono) erworben wurde. Die plötzlich beinahe suchtartige Abhängigkeit von den Drei-Minuten-Gefühlsportionen soll ebenso ausgeblendet bleiben wie die Namen der Lieblingsbands.

Vielmehr stellt sich im Rückblick die Frage nach der Dauerhaftigkeit dieses Konsums über die Jahrzehnte hinweg, die nicht durch Musikalität allein zu erklären ist, denn die hätte sich auch an Mozart oder Bach, Verdi oder Wagner festmachen können. Was bietet die Popmusik, daß sie ihre Adepten ein Leben lang in ihren Bann zu ziehen versteht, was gibt sie dem Einzelnen, so daß daraus ein Massenerfolg wird?

Nach der Meinung von Wilfried Berghahn, einem der ersten seriösen Schlagertheoretiker, liegt der Schlüssel für das Abhängigkeitsverhältnis in einem bestimmten Erlebnis, nämlich dem zugleich entlastenden und stimulierenden Tagtraum, einer kompensatorischen Erfahrung von sozialpsychologischer Bedeutung. Berghahns Theorie stützte sich 1962 auf die Schlagertexte von damals und sah die anspruchslose Musik eher als schmückendes Transportmittel. Sie scheint daher auf die Popmusik nicht anwendbar zu sein, in der die Bedeutung der Musik für die Bindung der Aufmerksamkeit und die erzeugte Emotion ungleich größer und auch künstlerisch bedeutsamer ist als im Nachkriegsschlager.

Vor allem hat man es in der Popmusik inzwischen mit einem Konsum-Gesamtkunstwerk zu tun, einem Lebensbaukasten aus Performance, Starkult, Special-Interest Magazinen, Videoclipsendern, Discobesuchen, Modetrends sowie jederzeit und überall verfügbarer Musik und, nicht zu vergessen, auf Identifikation angelegten Texten. Sie spielen in der Popmusik nicht nur eine größere Rolle als im Nachkriegsschlager, auch die Texte, die *über* die Popmusik geschrieben wurden, haben seit Berghahns Tagen an Bedeutung gewonnen: Popmusik ist ein allgegenwärtiges Gesprächsthema und hochrangiger Diskursanlaß, nicht zuletzt, weil es in der Popkultur auch darum geht, sich über individuelle Vorlieben sozial zu differenzieren: In keiner Branche außer der zeitgenössischen Kunst gedeiht der Gesinnungskonsum so intolerant wie in dieser.

Kein ernstzunehmender Popschriftsteller kann daher darauf verzichten, seine Leser die Hitparade seiner Lieblingsstücke wissen zu lassen; keine Magazinredaktion kennt aufreibendere Aufgaben als die Liste der besten hundert Platten der letzten zwanzig Jahre oder welches Jubiläum auch immer zu feiern ist; profilierte Musikjournalisten frönen auf eigene Kappe dieser offenbar zutiefst männlichen Leidenschaft, unentwegt Listen der hundert wichtigsten Alben anzulegen, die eigenen zehn Inselplatten zu empfehlen (die dann beim Nachzählen immer mehr werden) oder – besonders wichtig! – die Lieblingsplatten anderer Leute mies zu machen. Nur selten entstehen daraus so vorzügliche Bücher wie „Lives Of The Great Songs", das Tim de Lisle herausgegeben hat.

Der Kult um solche Listen führt zum Kern der Sache: Obwohl sie sich eine gewisse historische Objektivität anmaßen, sind sie sehr subjektiv, nämlich verkappte Biografien der Innerlichkeit, Listen der hundert besten Leih-Gefühle. Popmusik erlaubt es nämlich Männern, über ihre Gefühle zu reden, ohne sie benennen zu müssen, ihnen Gesichter zu geben, die nicht die eigenen sind, und sich in Traditionen einzuordnen, in denen ihre Väter nicht vorkommen. Sie ist das Esperanto von Emotionen, bei denen es in der Regel um Frauen geht, jedoch ohne daß man sie daran beteiligen muß, was auf Dauer ohnehin nur zu Komplikationen führt: Das ist tatsächlich, wie im Tagtraum, eine emotionale Selbstbedienung.

Das ist jedenfalls der Eindruck, den der Roman „High Fidelity" von Nick Hornby erweckt, der auch vom Listenanlegen und seiner Bedeutung für Männerfreund- und feindschaften handelt. Vor allem aber geht es um die Diskrepanz zwischen dem Liebesleben, wie es in Popsongs erscheint, und dem seines Helden, der seine „unrealistischen Erwartungen an Beziehungen" dem Konsum von Dusty Springfield-Platten anlastet. Hornbys Roman ist, viel deutlicher als seine Verfilmung, eine Satire über die Pop-Sozialisation, deren biografische Relevanz er auslotet, ohne sich einfach nur hinter Listen zu verstecken. Aber gerade sein Unvermögen, Gefühle zu beschreiben, ohne schließlich doch ein Musikstück anzuführen, in dem es viel besser gefaßt ist, macht ihn zum Modellfall des Popkonsumenten: Sein Drama zeigt, daß der exzessive Konsum von Lebensbildern im eigenen Leben überhaupt nicht weiterhilft.

Popmusik erscheint so als die Innenauspolsterung einer existentiellen Isolation, die letztlich auch durch Paarbildungen nicht behoben werden kann. Sie verschafft Emotionen, deren riskante soziale Umsetzung man sich ersparen kann, weil sie in der Wirklichkeit ohnehin selten so hoch dosiert vorkommen, daß man sich daran berauschen könnte. (Darin liegt übrigens ihre Affinität zur Droge, für die sie ohnehin als eine Art Sättigungsbeilage fungiert).

Als Kompensation verschafft Popmusik das intensive Zugehörigkeitsgefühl zu einem Konsumentenstamm, dessen hohe Binnendifferenzierung die gemeinsame identitätsstiftende Abhängigkeit von einem Medienmarkt nur unterstreicht; auch davon handelt Hornbys listenreicher Roman. Er unterschlägt auch nicht das Drama des Ausschlusses, das jedem Popkonsumenten irgendwann widerfährt, wenn er plötzlich feststellen muß, daß er komplett den Überblick über die neuen Bands und Richtungen verloren hat, mitten in dem Laden, in dem er bis dahin seine Konsumheimat gesehen hatte.

Die Bedeutung des hochemotionalen Individualkonsums und der lyrischen Stellvertretung ist nicht zu unterschätzen: Manche

Gefühle hat man ja erst, seit die Dichter sie beschrieben haben, denn das Leben folgt, wie Oscar Wilde festgestellt hat, der Kunst und nicht umgekehrt. Ohne die Vorarbeit von Dante und Petrarca, von Shakespeares Sonetten oder der Troubadourlyrik wäre ja schon die Verliebtheit von rund fünfundzwanzig Generationen weitaus prosaischer, wenn nicht gänzlich ausgefallen, da sie nicht gewußt hätten, welche Gefühle man im Vorfeld der Familiengründung zu haben hatte. Die literarische Codierung der Liebe hätte der wichtigste europäische Beitrag zur Humanisierung der Lebenswelt sein können, wenn denn dabei auch ein paar überzeugende Formeln für den Alltag abgefallen wären.

Die zeitgemäße Version dieser Codierung ist die Popmusik, die nicht nur bei der Erfindung von Gefühlen hilft, sondern auch bei ihrer Entdeckung: Manche Gefühle versteht man ja erst dann, wenn man sie beschrieben findet, und zwar nicht durch einen Psychologen. In dieser kulturellen Präzisierung liegt die künstlerische Bedeutung der Poplyrik für die jeweilige Generation oder Subkultur, die ihr zum Dank dafür zum schnellen Chartserfolg verhilft.

Zu guter Letzt erlaubt Popmusik es auch noch, Gefühle zu haben, die es sonst gar nicht gibt, und dafür ist dann nicht mehr nur der Text, sondern vor allem die Musik zuständig, weil Gefühle bekanntlich auch ihre motorischen Anteile haben. Diese Gefühle kann man selbst dann genießen, wenn sie traurige sind, weil man sie sich nämlich nur für einen Moment ausborgt und dann bequem wieder loswird; so gedeiht selbst der ekstatische Gefühlskonsum ohne soziale Reibungsverluste.

Solche Gefühle altern kaum, und daher gehört es zum Konsumglück, das die Popmusik verschafft, daß ihre besten Stücke sich lange so anhören lassen wie beim ersten Mal, weil man sich einfach nicht daran satt hören kann. Diese Unausschöpflichkeit der Kunst, die in der Kunst- oder Literaturtheorie als ihre höchste Qualität gilt – die Wiederlesbarkeit der großen Romane, die Wiederbegegnungen mit den gleichen Bildern, die intime Kenntnis einer Symphonie – in der Popmusik ist sie in zwei Hinsichten zu ihrer höchsten Entwicklungsstufe gelangt: Sie ist auf die kürzeste Konsumzeit angelegt, die in der westlichen Kulturgeschichte bekannt ist – zur Spitzenzeit der 7" Single konnte sie unter zwei Minuten liegen –, und zugleich mit den intensivsten Effekten verdichtet. So kann man sich immer wieder aus dieser emotionalen Pillendose bedienen, ohne der Geschmacksverstärker allzu schnell überdrüssig zu werden, denn das Konsumversprechen der Endlosigkeit des Glücks gehört, analog der romantischen Liebe, zur Warenqualität der Popmusik.

Jeder, der habituell mit Popmusik umgeht, kennt das Gefühl, als man die spätere Lieblingsgruppe zum ersten Mal hörte, das Gefühl nämlich, sich nicht vorstellen zu können, diese Musik jemals *nicht* mehr zu hören. In der Tat gibt es Songs und Alben, derer man jahrzehntelang nicht überdrüssig wird, da sie immer wieder aufs neue die Spannung halten, die sie beim ersten Mal aufgebaut haben, oder sich durch übersehene Details und Konfigurationen plötzlich anders zu erkennen geben. Noch lange, nachdem der euphorische Effekt der ersten Hörerfahrungen sich verbraucht hat, kommt der Konsument gerne auf die Musik zurück, denn in ihr ist das erste Konsumglück gleichsam gespeichert und manchmal tatsächlich wieder abrufbar. Die Anhänglichkeit an Musikstücke, die für jüngere Zeitgenossen schon als Oldies auf der kulturellen Rentnerbank sitzen, erklärt sich aus dieser Chance des Wiedererlebens, denn Musik kann als gespeicherte Lebenszeit betrachtet werden, die mehr ist als nur die Zeit, die man in das Einhören investiert hat.

Darauf kann man sich freilich nicht verlassen, denn eines weniger schönen Tages hat man dann auch diese Platte das entscheidende Mal zu oft gehört, vielleicht im falschen Moment, aber nun unwiederbringlich zu oft, und alles hört sich plötzlich flach und farblos an. Diese Verfallszeit kann erstaunlich lange dauern, bis zu einem halben Leben, aber um so betretener ist dann die Stimmung, zumal – und das ist der zweite Aspekt der Unausschöpflichkeit von Popmusik – die Musikindustrie nun wirklich alles dafür getan hat, daß sich Verschleiß nicht einzustellen brauchte.

Denn was für eine perfekte Erfindung ist doch die CD in dieser Hinsicht: Haltbarer als jedes Buch und jedes Bild, garantiert sie die ewige Wiederholbarkeit ihres Musikangebotes, unzerstörbar und unverrottbar. So ergibt sich eine Korrespondenz von Konsumideal und Warenform, die in keiner anderen Kunstgattung denkbar ist. Mag sich die Unverschleißbarkeit der an ein Musikstück gebundenen Emotion langfristig auch als unzuverlässige Konsumeuphorie herausstellen – die materielle Vorratshaltung ist jedenfalls perfekt.

Denn die CD ist die ideale Konserve: bodenlos, unverzehrbar und von endloser Freigiebigkeit – wie der märchenhafte Geldbeutel, der nie leer wird.

Als Gefühlskonserve funktioniert sie freilich nur so lange, wie ihr Inhalt nicht durch Überbeanspruchung entwertet wurde. Dann richtet sich die Erwartung einer Erneuerung der verlorenen Glückserfahrung auf eine neue CD derselben Band oder die einer neuen Gruppe, die man wie eine Wundertüte kauft, womit wir zum Schluß – *too long at the fair* – wieder auf der Kirmes angelangt wären.

Dort waren die Wundertüten meist eine Enttäuschung, die allenfalls durch die beigelegten, oft aber auch schon reichlich schalen Süßigkeiten aufgewogen wurde. Trotzdem mußte man diese Erfahrung mehrfach machen, um aus ihr zu lernen: Zu schön wäre es gewesen, hätte das Konsumversprechen der Wundertüte tatsächlich gehalten, daß man sich nämlich Überraschungen kaufen kann, die nahtlos in dauerhaftes Konsumglück übergehen. Das vermag allein die Popmusik-Konserve.

Lob des Sakkos

Eine Innenansicht

„Der Erfolg unkonventioneller Firmen bringt in der Londoner City den *dress code* zum Wanken", liest man geschockt in der Zeitung; vorstellbar würde es gar, „mit Polohemd unter dem Sakko ins Büro" zu gehen! Die legeren Vertreter der Trendbranchen Datenverarbeitung oder Entertainment und der Umgang mit dem Milieu von Garagenfirmen hat die Bankangestellten und Versicherungsmakler ihre korrekten Anzüge offenbar als peinlich erleben lassen und zu Lockerungen im Außendienst geführt: „Beim Kundengespräch mit einer jungen Internet-Firma sei eben eine weniger formelle Bekleidung angebracht."

Aber kurz bevor man glauben muß, daß selbst in der Hauptstadt der *optical correctness* nichts mehr heilig ist, erfährt man, daß dem herkömmlichen Habit noch nicht das Aus droht: „Der Anzug ist nicht tot. Er wird nur neu interpretiert", beruhigte ein Sprecher der britischen Herrenausstatter die Kundschaft, was freilich ein wenig an Frank Zappas berühmtes „Jazz is not dead, it just smells funny" erinnert. Während Deutschlands mondäne Jungdichter der „Generation Golf" gerade den Markenanzug als Dienstkleidung einzuführen versuchen, um ihre *Tristesse royale* in Form zu halten, fallen ihnen ausgerechnet die Londoner Banker in den Rücken und geben den Dress-Code frei.

Kaum ein Gegenstand zeugte bislang so anschaulich vom Triumph der europäischen Zivilisation über beinahe jede andere Kultur wie der Anzug: Von Brasilien bis China, von Südafrika bis Norwegen stecken gelbe, braune, schwarze und weiße Männer weltweit in einem Kostüm, das eher einfallslos erscheint, aber durchaus seine Eigenarten hat. Dabei sahen Männer in Anzügen eigentlich schon in Europa recht seltsam aus, und das seit dem 19. Jahrhundert, als sich dieses Kleidungsstück aus vielen regionalen und sozialen Quellen zu den heute vorherrschenden Grundtypen entwickelt hat. In ihrem Buch „Anzug und Eros", in dem sie die „Geschichte der modernen Kleidung" beschreibt, gibt Anne Hollander den Klassizismus des 18. Jahrhunderts als die Zeit aus, in der die Kombination aus Gehrock, Weste und langer Hose in unterschiedlichen Stoffen und Mustern zusammenfand, um im

19. Jahrhundert eine gemeinsame, meist dunkle, zumindest gedeckte Farbe anzunehmen.

Der weltweite Erfolg dieser körperdeckenden Einheit verdankt sich offenbar einer Art stofflicher Amtsanmaßung: Laut Hollander ist der Anzug „die Uniform offizieller Macht", die nicht auf manifeste Kraft oder körperliche Arbeit verweist, sondern auf „Diplomatie, Kompromiß, Höflichkeit und physische Selbstkontrolle". Kleidung hat demnach als „visuelle Form ihre eigene Autorität", und die des Anzuges liegt offenbar in seiner Zurückhaltung, denn „auffällige und bizarre männliche Bekleidung wird stets und vor allem von denjenigen getragen, die keine Macht haben".

Als zivile Uniform signalisiert der Anzug demnach, genau wie die militärische, Machtansprüche, aber dezenter. Er markiert nicht die Zugehörigkeit zu einem Heer, sondern zu der in Friedenszeiten entscheidenden Klasse, zu jenem Bürgertum, das entweder über Geld, Bildung oder institutionelle Macht verfügt oder über alles zusammen. Was das Geld angeht, so muß es durchaus nicht das eigene sein, das diese Zugehörigkeit stiftet; schon die Anstellung in einer Bank, wo man fremdes Geld bewegt, reicht aus. Es muß freilich die eigene Bildung sein, die eines Arztes oder Rechtsanwaltes, eines Lehrers oder Richters, um sich in der Kleidung den Bankern anzugleichen, denen man das verdiente Geld anvertraut. Bei der Macht schließlich ist es gleichgültig, ob sie tyrannisch oder demokratisch erworben wurde: Selbst in den Diktaturen des Kommunismus hat der Anzug schließlich die Uniform verdrängt – vielleicht weil er so eine Botschaft noch größerer Macht ausstrahlte: Man gehörte damit zur allgegenwärtigen Bürokratie, nicht zum kasernierten Militär.

Auch in den westlichen Demokratien hat der Anzug noch jüngst seine Integrationskraft an einem sozialdemokratischen Kanzler, aber auch an zwei grünen Ministern bewiesen, die sich nicht nur in Angleichung an die Parkettsitten für die Uniform der Macht entschieden haben, sondern im unverkennbar narzißtischen Genuß ihrer staatsmännischen Eleganz: „Zwei Herren in dunklen Anzügen, der eine mit, der andere ohne Weste – das ist doch nicht grün", beklagte Parteimitglied Renate Künast die Irritation der Wählerschaft.

Für die Kriterien dieser Eleganz ist freilich nicht mehr die politische Klasse selber zuständig, vielmehr hat das Erscheinungsbild der Banker auf das der Politik übergegriffen; ihre Maßschneider und Couturiers geben den Ton an. Wenn die Wirtschaft tatsächlich eine weniger brutale, aber ebenso einträgliche und ungerechte Form des Krieges sein soll, welche Uniform wäre dann für ihre Repräsentanten geeigneter als der verbindliche Dreiteiler, in dem sie sich mit den gleichgewandeten Politikern treffen können, um ihnen die aktuellen Waffenstillstandsbedingungen zu diktieren?

Der Anzug ist die politische Uniform eines eurozentrischen Weltfriedens, der in den militärischen Uniformen der Kolonialkriege vorbereitet und der Welt aufgezwungen worden ist; eine zivile Uniform, die ihren Siegeszug durch die Welt in einer Zeit absolvierte, als Europa zwar seine politische und ökonomische Dominanz zu Gunsten der USA einzubüßen begann, aber eben nicht in Kleidungsfragen, in denen es weitgehend stilbildend blieb. Nur der Mitte des 19. Jahrhunderts in den USA entwickelte Gedanke der Konfektionierung fand nach Europa, wo er zahlreichen Schneidern ein Handwerk legte, das im Rahmen der Grundform zahlreiche Varianten des Zuschnitts kannte, die fast alle verschwunden sind, jedenfalls aus den Metropolen der Industrienationen.

Ist der Anzug eine Uniform des zivilen Machtanspruchs und das Zugehörigkeitssignal zu den entscheidungtragenden Schichten, so kann man ihn, wie die militärische Uniform, auch als Charakterpanzer betrachten, denn er dient als Entlastungskleidung: Die Gleichartigkeit ihres Erscheinungsbildes verleiht auch schwächelnden Männern den Mut zu einer offensiven Tätigkeit; das ist nicht nur im Krieg so. Der soziale Rückhalt, den die zivile Uniform in Situationen der individuellen Selbstbehauptung bietet, dürfte beträchtlicher sein, als es den Trägern selber bewußt wird.

Vermutlich ist nicht nur das Zusammenspiel von Psyche und Erscheinungsbild, sondern auch die Unauffälligkeit des Anzugs ein Schlüssel für seinen Erfolg, denn er dient als Tarnung, unter der sich die Jäger um Marktanteile, Provisionen und Wählerstimmen gleichermaßen so harmlos und seriös stellen können, daß man sie auf Anhieb für verantwortungsbewußt und vertrauenswürdig hält – ein Standortvorteil für jedes Gewerbe, gerade auch für die zweifelhaften. So ist der Anzug ein sozialer Generalschlüssel zu allen wirtschaftlich und politisch interessanten Türen – von der Haustür, wo Vertreter und Stimmenfänger einen Fuß hineinzubekommen versuchen, bis zu den höchsten Etagen, wo sich der Dress-Code immer mehr verfeinert: Hier geben Stoff und Schnitt Aufschluß über die Konsumkompetenz des Trägers, die schon immer zu den Rekrutierungstests der herrschenden Klassen gehörte, vermutlich sogar in Wandlitz.

Im Alltagsleben beruflicher Undurchsichtigkeit, also etwa in Bahnabteilen oder Restaurants, hat der Anzug, erst recht, wenn er mit einer Krawatte getragen wird, zudem den Nebeneffekt eines Distanzzeichens, das als zuverlässiges Mittel gegen Überfalls-Duzer dient, wie sie auch im politischen und akademischen Milieu lauern. Schaffner wollen von Anzugsträgern seltener die Bahncard sehen; Taxifahrer meiden rassistische Themen und tolerieren kulturelle; Kellner und Verkäufer sind spürbar höflicher. Andererseits isoliert der Anzug seinen Träger so erkennbar aus dem Kontext des Stadtbildes, daß man den Verdacht nie los wird, er sei einfach nur ein Bankangestellter auf einem aushäusigen Dienstweg.

Mit dieser Dienstkleidung soll also nun Schluß sein. Wenn sogar in den sensiblen Londoner Banken bald das Sakko erlaubt sein wird, muß nicht nur der Anzug, sondern auch das Sakko seinen spezifischen Sozialcharakter verlieren, weil es dann nämlich auch als Geschäftszeichen dient. Im Gegensatz zum Anzug war es bislang eine Art informeller Sympathieträger: Es galt nicht als die unvollständige Version einer Uniform, sondern als deren entspanntere Version; keineswegs kumpelhaft, aber lässiger. In der Haltbarkeit und Farbigkeit seiner groben Stoffe ursprünglich auf das Landleben abgestimmt, wirkte es wie eine Anzugsjacke, die man auch in der Freizeit tragen konnte, ohne seine soziale Stellung zu leugnen, und bot alle Ausstattungsvorteile des Anzugs ohne dessen auftrumpfende Aura.

War es von gekonnter Schlichtheit, also elegant, vermochte es seinen urbanen Träger so erscheinen zu lassen, als führe er ein beneidenswertes Leben, in dem sich Arbeit und Freizeit nicht trennen lassen, erst recht, wenn man Jeans dazu trug, freilich keine gebügelten. So konnte sich mancher akademische Beamte als Kreativer tarnen, und mancher Kreative als seriös. Diese Zwischenstellung des Sakkos machte seinen spezifischen Wert aus: Unvorstellbar für eine korrekte Dienstbekleidung in machtnahen Milieus, war es doch ausreichender Beweis einer intellektuellen Mentalität und lässigen Souveränität.

Und nun soll plötzlich alles, was Alison Lurie oder Paul Fussell über das Sakko herausgefunden haben, ungültig werden? Das wäre ein ziemliches Fiasko. Denn das Sakko hat es verstanden, sich weltweit so unentbehrlich zu machen, daß Alternativen praktisch nur subkulturell denkbar blieben. Es hat bislang noch jeden Angriff überlebt – sei es durch die unsäglichen Freizeitjacken der sechziger Jahre, durch die Latzhosenträger der siebziger oder die Designermode der achtziger Jahre.

Das legt den Verdacht nahe, daß sich der internationale Erfolg dieser „auf Figur gearbeiteten, gefütterten Stoffjacke" nicht allein ihrer Zeichenhaftigkeit verdankt, sondern auch einem realen Gebrauchswert. Und in der Tat: Das Sakko ist für den Mann, was die Handtasche für die Frau ist, nämlich ein idealer Transportbehälter für die wichtigen Dinge des aushäusigen Lebens. Im Rahmen männlicher Transportaufgaben empfiehlt es sich durch seine unauffällige Belastbarkeit; daher wirkte das Herrentäschchen, das die Lederindustrie in den siebziger Jahren nach dem Modell der Pfeifentasche durchzusetzen versuchte, gendermäßig so völlig daneben. Auch den neueren Schärpenschlauch-Kreationen, mit denen findige Kunststoffdesigner am Erfolg des Stadtrucksacks anzuschließen suchten, sieht man eine gewisse Ratlosigkeit an: Es scheint sich um Notlösungen für Jugendliche zu handeln, die noch nicht erfahren durften, was man an einem Sakko hat.

So wie man sich wundert, was Frauen alles aus ihren Miniaturcontainern hervorkramen, kann nämlich auch die Ausbeute des abendlichen Sakko-Ausräumens beachtlich ausfallen: Ein Terminkalender, ein Notizblock mit Loseblattsammlung, ein Mäppchen für Kreditkarten (als Nachfolger der einstigen Brieftasche), ein Füllhalter oder Kugelschreiber, ein Bleistift, ein kleiner Kamm, ein Schlüsselbund, eine Zigarettenpackung, ein Feuerzeug, eine Brille, eine gültige U-Bahnkarte, eine ungültige Kinokarte, etwas Kleingeld für die Parkuhr sowie einige Papiertaschentücher – das alles und noch mehr läßt sich in einem Sakko unterbringen, vorausgesetzt, man belädt es genauso umsichtig, wie es der Hersteller vorgesehen hat.

Dessen Umsicht läßt freilich öfters zu wünschen übrig, denn das Innenleben von Anzugsjacken und Sakkos ist einer Willkür unterworfen, die rein marktwirtschaftlich nicht zu erklären ist. So signalisiert z. B. ein Sakko von *Armani* in seiner knappen Innenausstattung, daß es nur von Kunden getragen werden möchte, die für ihre Utensilien eigene Träger mitführen. Gediegene Qualitätshersteller, wie etwa *Boss*, überraschen dagegen damit, daß sie die für Münzgeld unentbehrliche kleine Innentasche, die sich in der rechten Außentasche befindet, einmal vorsehen, dann aber wieder nicht und dann gleich zweimal – als ob es davon abhinge, wieviel Stoff noch vorhanden war, und nicht, welchen Gebrauchswert sich ein Kunde von einem Kleidungsstück versprechen darf.

Ohnehin ist es ein heimtückischer Trick mancher Konfektionshersteller, eine Fülle von Innentaschen anzubieten, die dann aber nicht ordentlich ausgebaut sind. So gab es einen italienischen Hersteller, der mittlerweile zu Recht vom Markt verschwunden ist, in dessen Taschen man allenfalls das Handgeld für eine Tüte Eis mitführen konnte. Heute ist das Handy eine Probe für die Wandlungsfähigkeit des Sakkos, und die ist noch nicht bestanden: Ein weltweit führender Hersteller hat sein Gerät vielmehr so perfide konstruiert, daß es sich unweigerlich im Futterstoff der Außentaschen verfängt und dem schnellen Zugriff auch dann entzieht, wenn schon das ganze Zugabteil auf den kramenden Störenfried starrt.

Die schmale Innentasche hingegen, die vor wenigen Jahrzehnten am unteren Saum des linken Seitenflügels auftauchte, um die Zigarettenpackung oder ein paar Papiertaschentücher aufzunehmen, wäre für jedes Handy ideal, wenn sie denn tief genug wäre, aber das ist sie nie – Jahre nachdem nun wirklich jeder ein Handy mit sich führt, insbesondere natürlich Sakkoträger. Über diese mangelnde Flexibilität angeblich marktorientierter Produkte und das beamtenhafte Ignorieren offenkundiger Kundenansprüche muß der Nutznießer der Marktwirtschaft immer wieder staunen, hier freilich besonders, weil es für den neuen Medienservice ein Vorbild der Synergie gibt, denn in welche Tasche paßt ein Taschenbuch am besten, wenn nicht in die eines Sakkos?

Daß die Herrenoberbekleidung der Medienentwicklung hinterherhinkt, ist freilich in gewisser Hinsicht verständlich, denn die Eignung eines Sakkos für Transportaufgaben darf sein Erscheinungsbild keinesfalls dominieren, sonst könnte man ja gleich die Anglerweste anlegen, mit der Joseph Beuys einst herumspazierte. Ein Sakko muß vielmehr getragen so aussehen, als ob sich nichts in seinen Taschen befände, und auf diese versteckte Qualität hin muß man es beim Einkauf prüfen, egal, wie schön der Stoff ist.

Der kritische Blick auf das Innenleben eines Sakkos kann der Begeisterung, die ein Sakkostoff auslöst, allerdings nicht immer ge-

gensteuern. Sie entspringt nämlich nicht nur der visuellen Gestalt, also dem Muster des Stoffes und der Eleganz seines Zuschnitts, wie sie der Spiegel zurückwirft. Die visuelle Erscheinung hält man in der Kaufsituation für das entscheidende Kriterium, aber unbewußt verschafft sich gleichzeitig der Tastsinn schon ein Bild davon, mit welchen Gefühlen in Zukunft der Griff in die Tasche und das Straffen des Revers verbunden sein wird. Diese Empfindungen werden die entscheidenden sein, wenn das Spiegelbild an Bedeutung verloren hat, also für die längste Zeit des Tragens.

Vielleicht spielt der Tastsinn sogar schon die entscheidende Rolle bei der Auswahl, aber nur einmal im Leben gestattet man sich den verhängnisvollen Kompromiß zwischen einem schön anzusehenden und noch schöner anzufassenden Sakko und einer miserablen Innenausstattung, der dann jahrelang lästige Transportprobleme zur Folge hat – welche Frau würde sich schon eine Handtasche kaufen, die zwar schön ist, aber zu klein? Richtig, nur eine Frau, deren Mann ein geräumiges Sakko trägt.

Wanderausstellung

Über Schmuck

Das Merkwürdigste am Schmuck ist, daß man ihn die meiste Zeit
überhaupt nicht zu Gesicht bekommt. Manche Stücke sind zwar
dauernd unterwegs, zum Beispiel Eheringe, die anderen ruhen
aber die längste Zeit ihrer Existenz im Dunkel von Schubladen,
Schatullen und Safes: Würde man eine Volkszählung im Reich von
Gold und Edelstein veranstalten, käme heraus, daß nur ein mini-
maler Bruchteil aller Preziosen sich gerade dort befindet, wo sie
eigentlich hingehören, nämlich am Körper oder auf einer seiner
Hüllen.

Das hat verschiedene Gründe. Zunächst schmälert der hohe
Tauschwert des Schmucks seinen Gebrauchswert, weil er nicht nur
den begehrlichen Blick des Bewunderers, sondern auch den des
Diebes auf sich lenkt und daher präventiv im Dunkeln gelassen
wird. Zur Abwesenheit des Schmucks trägt aber vor allem bei, daß
seine Besitzer meist über weitaus mehr Stücke verfügen, als sie
gleichzeitig tragen können. Das ist freilich ein irritierender Befund,
denn damit befindet sich der Schmuckbesitz in einer Übergangs-
zone zur Sammlung, aber in einer paradoxen Praxis des Verber-
gens, die dem Sammeln sonst nicht eigen ist.

Selbst Schmuckstücke, die unterwegs sind, kommen nicht unbedingt ans Licht: Eine Münchner Händlerin, die unter Sammlern
alten Schmucks als erste Adresse gilt, bewahrt ihre wertvollsten
Stücke in schäbigen Plastiktüten aus dem Supermarkt auf. Auch
Diebe und Hehler werden unauffällige Ablagen für ihre heiße Ware
wählen, bevor sie von ihren Abnehmern weggeschlossen wird. Der
Kreislauf dieser Dunkelheit ist dann nur für die Stunden unterbro-
chen, in denen der Schmuck getragen oder von seinem Besitzer wie
eines jener chinesischen Rollbilder betrachtet wird, die man nur
einmal im Jahr öffnet.

Nur wenige Schmuckstücke können in Schaufenstern und Auslagen der Kaufhäuser und Fachgeschäfte brillieren, wo ihnen das
meist unlesbar verdrehte Preisschildchen allerdings die Show
stiehlt; noch wenigere schaffen es bis in die Vitrinen der Museen,
wo sie gut ausgeleuchtet und nobel präsentiert werden und ihnen
ein Kommentarkärtchen historische Bedeutung zufächelt. Aber ge-

rade in Museumsvitrinen, am Ort ihres scheinbar höchsten Ansehens, machen Schmuckstücke einen eher verstörten Eindruck: Sie sehen aus wie bestellt und nicht abgeholt.

Das liegt zunächst daran, daß ihre deutlich ablesbaren Funktionen die haptische Empfindsamkeit der Betrachter so kräftig ansprechen, daß sie die Unberührbarkeit der Objekte wie das Scheitern eines Dialogs erleben: Sie geraten in einen frustrierenden Konflikt zwischen dem musealen Berührungstabu und dem beinahe mit Händen zu greifenden Gebrauchswertversprechen: Gemälde und Plastiken wirken im Museum inzwischen – nach rund zweihundertjährigem Kulturtraining – völlig plausibel; Werke der angewandten Kunst betrachtet man dort aber nach wie vor mit Unbehagen. Während man einem wertvollen Kunstwerk in einer Privatwohnung wie in einem Transitstadium begegnet, in dem gerade alte Gemälde so wirken, als seien sie dem Museum, wenn nicht gestohlen, so doch vorenthalten worden, ist Schmuck diesseits der musealen Kulturgrenze viel plausibler und anmutiger als in der Gefangenschaft des prestigeträchtigen Ewigkeitsdisplays.

In Museumsvitrinen wirkt Schmuck aber vor allem deshalb so deplaziert, weil er schon im wirklichen Leben ein Ausstellungsstück ist, und das viel intensiver als in irgendeiner Sammlung: Schmuck ist vielleicht das einzige Exponat, das in einer Ausstellung genau jenen Wert verliert, den Walter Benjamin in einer originellen Ergänzung der Begriffszwillinge Tauschwert und Gebrauchswert als Ausstellungswert bezeichnet hat. Erst auf der lebendigen Haut oder dem weichen Stoff der Kleidung können die Metalle, Steine und Kunststoffe ihre Materialität zur vollen Geltung bringen, und die Kinetik ihrer Träger liefert ihnen einen schärferen Kontrast als jeder andere Hintergrund. In der Konfrontation des Starren und Haltbaren mit dem Vergänglichen, Weichen und Beweglichen ist der Körper ein unverzichtbares Medium für den Schmuck, ein optischer Resonanzraum, den keine noch so schöne Vitrine ersetzen kann, denn angemessen ausgestellt wird Schmuck eben nur auf einer Person.

Diese ist freilich kein Dienstpersonal, sondern der wahre Gewinner dieses ästhetischen Verwirrspiels – wer Schmuck trägt, exponiert ja auch sich selber. Schmuck steigert, nach einer Formulierung von Bernhard Lypp, die Präsenz einer Person; er hebt seinen Träger über den Aufmerksamkeits- oder besser Zerstreutheitspegel der Alltagswahrnehmung hinaus. Wer seinen Körper mit Metallen, Steinen oder Kunststoffen besetzt, versucht geradezu, die Regie über die Fremdwahrnehmung der eigenen Person zu übernehmen. Der Ausstellungswert des Schmucks kommt daher am meisten der Person zu Gute, die ihn scheinbar nur trägt: Er liefert ihr pointierte Eckwerte der Betrachtung, gleichgültig ob am Finger, am Ohr oder am Hals; am Revers oder an der Krawatte. Als optische Artikulationshilfe der Selbstdarstellung hebt Schmuck seine Träger aus der sozialräumlichen Unschärfe der interpersonellen Wahrnehmung heraus, deren Gleichgültigkeit ansonsten mit der sozialen Verdichtung wächst.

In der Akzentuierung seiner Träger ähnelt der Schmuck daher der Kleidung und der Frisur, den Kosmetika und dem Parfum sowie anderen Ingredienzen der sozialen Selbstinszenierung. Dem Parfum ist er verwandt, weil er seinen Charme am besten entfaltet, wenn man ihn unterschwellig dosiert; den Kosmetika, weil er sich meist auf die Haut bezieht; der Frisur, weil er es erlaubt, den Körper verschieden zu stilisieren; und der Kleidung, weil man ihn mit dieser zusammen ablegen kann, aber auch, weil sie über ihre schützende Funktion hinaus ebenfalls Aspekte der Dekoration aufweist: Vielleicht kommt kein Kleidungsstück der eleganten Nutzlosigkeit des Schmucks so nahe wie die Krawatte.

Während die Kleidung den Körper verhüllt, macht der auf der Haut getragene Schmuck ihn erst richtig sichtbar, ja beinahe spürbar, weil der Kontrast von Materialschimmer und Hautfarbe nicht nur den Augen-, sondern unterschwellig auch den Tastsinn anspricht. Dann kann dem Betrachter passieren, was dem Museumsbesucher vor der Vitrine widerfährt: Er will berühren, was ihn anfunkelt, in diesem Fall aber nicht den Schmuck, sondern die geschmückte Person.

Wenn sein Ausstellungswert tatsächlich der Gebrauchswert des Schmucks ist, dann weil er den sozialen Tauschwert seiner Träger erhöht, also den erotischen. Man erträgt diese Aufdringlichkeit allerdings nur bei dem Geschlecht, das einen interessiert. Das kann sich darüber freilich noch interessanter machen. In dieses Spannungsfeld fließt ein Großteil der ästhetischen Energie einer jeden Gesellschaft, und sie materialisiert sich vor allem in Kleidung und Schmuck. Beide begrenzen „Territorien des Selbst", wie sie der Soziologe Erving Goffman in seinem Buch „Das Individuum im öffentlichen Austausch" untersucht hat, doch sind diese Territorien keineswegs privat: Schmuck, Körperbemalung und Kleidung sind vielmehr hauchfeine Membrane zwischen den beiden entlegensten sozialen Zonen, dem öffentlichen Raum und der körperlichen Intimität.

Das gilt freilich nicht für den Intimschmuck, der seinen Ausstellungswert frivolisiert: Er feiert den Körper, indem er den Grad seiner Enthüllung markiert. Wenn er, wie die überwältigende statistische Mehrheit des Schmucks, also im Dunkeln bleibt, dann mit kokettem Vorsatz. Mit der intimen Tätowierung teilt er freilich die unfreiwillige Komik, mit der er Menschen in ihrer Enthüllung zu einer Art Wundertüte werden läßt.

Was ist denn nun, nachdem man die Schnittmengen mit Kleidung und Körperbemalung, Parfum und Frisur resümiert hat, der spezifische Gebrauchswert von Schmuck? Sucht man ihn im Material, dann ist er vorderhand nur eine kultivierte Form der Geldanlage, eine späte Fortsetzung der Nomadenpraxis, Reichtum sicher am Körper aufzubewahren und im Transport zu exponieren. Andererseits ist aber die Tradition der magischen Gebrauchswertspekulation noch keineswegs abgerissen, und so können auch esoterische Zuschreibungen den Wert bestimmter Steine und Metalle ausmachen, weil sie angeblich gegen den bösen Blick schützen oder ihre Schwingungen mit dem Energiefeld des Körpers segensreiche Konstellationen eingehen sollen.

Sucht man den spezifischen Gebrauchswert in der Form, dann bewegt sich der Schmuck in einem weiten Feld zwischen Dekor und Ornament, Kulturfloskel und Ausdrucksmittel, Folklore und Kunst. Präziser kann seine soziale Bestimmung erst werden, wenn die Formen auch als Zeichen funktionieren, mit denen die Menschen lesbar gemacht werden, etwa indem er die Verheirateten von den Ledigen durch Ringe unterscheidet, die Armen von den Reichen durch die Fülle und die Reichen von den Neureichen durch den Geschmack.

So kann Schmuck das sein, was Alfred Behrens in seiner „SocialScienceFiction" als „Gesellschaftsausweis" bezeichnet hat: Er charakterisiert Rollen und Inszenierungen – was aber auch die Kleidung oder die Automarke, das Benehmen oder die Ausdrucksweise gewährleisten, in deren Kontext Schmuck dann nur ein Indiz unter anderen ist. Kulturell unverwechselbar ist er vielleicht nur als das, was Goffman „Beziehungszeichen" nennt: Mit ihnen werden Freundschaften, Verlobungen oder Ehen manifestiert, indem man nach innen Treueversprechen und Wertschätzung, nach außen Etablierung und Abgrenzung signalisiert. Zu den sonderbaren Aspekten dieses Gebrauchswerts zählt freilich, daß man dem Schmuck sowohl soziale Treuegarantien wie erotische Verführungskraft zuschreibt, also die paradoxe Macht, Beziehungen zwischen Menschen sowohl zu sichern wie zu entsichern.

Mag die Form und das Material eines Schmuckstücks sein Erscheinungsbild bestimmen, so machen – neben den erotischen Aspekten – also Plazierung, Deutung und Tragedauer als zeremonielle Aspekte seinen Gebrauchswert aus. Möglicherweise ist es auch ein anthropologisch konstanter, dem Menschen aber nicht restlos verständlicher Fetischismus, der in allen Kulturen den Schmuck gedeihen läßt, sobald eine existentielle Armutsgrenze überschritten ist, ja selbst darunter.

Schmuck ist, wie das Thema des Gebrauchswerts überhaupt, ein nicht völlig auslotbarer Bereich zwischen Ökonomie und Ästhetik und damit prädestiniert für poetische Lösungsversuche. Einen solchen hat Michael Lindsay-Hogg mit dem fabelhaften Spielfilm „Object of Beauty" unternommen: Er schildert die Wanderung einer Kleinplastik von Henry Moore durch verschiedene Hände, Rollen und Erwartungen, wobei unangestrengt und anschaulich charakteristische Einstellungen von Menschen zu Kunstobjekten durchgespielt werden.

Vielleicht ist Gebrauchswert erst dann richtig greifbar, wenn er keine flüchtige Qualität, sondern eine von Dauer ausmacht – gehört Schmuck doch ohnehin zu den wenigen Konsumgütern, die sich im Gebrauch kaum verzehren. Im eigenen Umgang mit lange oder häufig getragenen Schmuckstücken kann man jedenfalls einer besonderen Leistung des Schmucks auf die Spur kommen: Er rahmt nicht nur seine Träger im sozialen Raum, er begleitet sie auch durch die Zeit.

Ein Stück, das man, wie einen Ring, über Jahrzehnte hinweg ständig trägt, ist etwas völlig anderes als eine Brosche oder eine Krawattennadel, die man für einen bestimmten Anlaß anlegt. Mit wachsendem Alter fasziniert die Dauerhaftigkeit eines ständig getragenen Schmuckstücks anders als die Wiederbegegnung mit einer lange in der Schatulle aufbewahrten Kostbarkeit: Weil der Schmuck sich gleich bleibt, gerät er in Widerspruch zu den Veränderungen, denen die Natur den Körper unterwirft; der in Metall gefaßte Stein kontrastiert die Mutationen des Körpers, auf dem er sitzt, um so schärfer, je mehr Zeit er auf ihm verbringt.

Aus Zeit und Raum, den beiden schicksalhaften Verwischungen der Lebensspur, hebt der Schmuck seine Träger somit heraus und verleiht ihnen den Rahmen einer materialgestützten Identität: Durch die stabile Akkumulation auf dem Körper garantiert er sowohl die narzißtische Selbstverpflegung mit Bedeutung wie den sozialen Prestigegewinn des Auftritts. Im Kontinuum der Vergänglichkeit ist er daher ein langlebiger Identitätsanker – vielleicht war das der wahre Grund dafür, daß man den Toten einst ihre Schmuckstücke als Grabbeigabe beließ.

III. Konsumkunst

Konsumanimateure

Über Werbefiguren

Schon unter den frühen überlieferten Zeichen finden sich solche, die zur Markierung von Handelsgütern gedient haben, sumerische Rollsiegel etwa, wie sie bereits vor fünftausend Jahren in Tonplomben oder Krugverschlüsse geprägt wurden. Gleichgültig, ob sie als erste Handelsmarken einen Eigentumsvorbehalt signalisierten oder einen Herkunftsnachweis, ob sie den Abschluß des Geschäftes unter den Schutz der Götter stellten oder die Ware auch schmücken sollten – mit ihren Figuren stehen sie am Beginn einer langen Symbiose von Ware und Zeichen, am Anfang einer reichhaltigen Kultur der Markenemblematik, die zahlreiche Varianten der Gestaltung und Verwendung hervorbringen sollte.

Die Geschichte dieser Warenzeichen ist ein relativ gut erschlossenes Feld einer ansonsten lange vernachlässigten Design-Geschichte. Das Ansehen, das die als Semiotik firmierende Zeichentheorie in den siebziger Jahren international gewann, trug dazu bei, daß Markenzeichen auch die Aufmerksamkeit von Kunstwissenschaftlern und Medientheoretikern fanden. Hinzu kam der kritische Impuls, mit dem die Studentenbewegung dem westlichen Wirtschaftssystem begegnete: Gerade die Kritik des Kapitalismus führte paradoxerweise dazu, daß seine Erscheinungsform erstmalig auch eine breite ästhetische Würdigung erfuhr; die Kritik der Warenästhetik wollte den verhaßten Kapitalismus auch über seine Werbeanzeigen und Zeichenproduktion entlarven. Die Pop-Art mit ihren affirmativen Ikonen paßte erstaunlicherweise bestens in diesen Zeitgeist.

Aber schon in den dreißiger Jahren hatte die Emigration eine Reihe deutsch-jüdischer Gelehrter in den USA mit einer rabiat ökonomischen Kultur konfrontiert. Dieser Kollision verdankten sich frühe Versuche einer geisteswissenschaftlichen Exegese der Werbekultur, darunter der wegweisende Essay des Romanisten Leo Spitzer „Amerikanische Werbung – verstanden als populäre Kunst". Auch die Ikonographie, wie sie, von Aby Warburg ausgehend, maßgeblich durch Erwin Panofsky in die angelsächsische Kunstwissenschaft eingebracht wurde, eröffnete einen geistigen Horizont, in dem barocke Embleme und moderne Warenzeichen vergleichbar wurden. Schließlich vermittelte sich das Interesse, das britische Intellektuelle wie Wyndham Lewis oder F. R. Leavis schon in den dreißiger Jahren für die populäre Kultur der Industriegesellschaft entwickelt hatten, über den Cambridge-Zögling Marshall McLuhan mit einer Inkubationszeit von rund zwanzig Jahren in das Medienbewußtsein der USA, dann auch einer internationalen Öffentlichkeit.

Nicht alle Thesen und Herleitungen, die in den genannten Konstellationen vorgebracht worden sind, haben der Kritik oder auch nur der Zeit standgehalten. Bis heute stehen die einzelnen methodischen Ansätze, die moderne Warenwelt zu deuten, eher unvermittelt nebeneinander, denn eine Zusammenschau ihrer Ergebnisse und Reichweiten hat noch niemand unternommen. Doch sind die Voraussetzungen für eine Beschäftigung mit der Geschichte des Warenzeichens und seiner Verankerung im öffentlichen Bewußtsein insgesamt günstig, zumal die Werbebranche selbst in dieser Hinsicht sehr dokumentationsfreudig ist und die juristische Bedeutung der Markenzeichen dafür gesorgt hat, daß sie sorgfältig archiviert wurden. Vor allem in den USA, wo die Werbung, wie schon Spitzer vermutete, „gewisse Verbindungen zu Nationalcharakter und Kulturgeschichte" hat, ist die Literatur reichhaltig, wenn auch analytisch nicht immer ergiebig.

Um so erstaunlicher ist es, daß die Geschichte der Werbefigur eher zu den weißen Flecken der Design-Geschichte zählt: Werbefiguren bilden eine Zeichenmenge der Markenwerbung, die sich mit der von Markenzeichen überschneidet, aber keineswegs deckt. Allseits bekannt, ist die Werbefigur aber theoretisch und historisch eine eher unbekannte Größe geblieben. Das liegt vermutlich darin begründet, daß ihre Eigenständigkeit innerhalb der Markenemblematik unterschätzt wurde, ihr vielfältiges Erscheinungsbild aber auch nur schwer auf den Begriff zu bringen ist. Sind Markenzeichen und Warenzeichen relativ präzise Begriffe, so hat man bei der Werbefigur Probleme, sie genau zu definieren.

Schon sehr früh, nämlich im 19. Jahrhundert entwickelt, hat die Werbefigur eine immer größere Eigenständigkeit gegenüber dem Markenzeichen gewonnen. Dafür läßt sich der „Michelin-Mann" als Paradebeispiel anführen, der seit 1891 als Markenzeichen der Reifenfirma fungiert und 1898 zum ersten Mal auf einem Plakat belegt ist: Genauso wie die schon 1820 konzipierte Figur des

„Johnny Walker" vermittelt er den Markennamen, ohne daß dieser eigens genannt oder optisch in seinem Umfeld auftauchen müßte.

Die Propaganda mit der Werbefigur verankert einen Markennamen und eine Produktsorte vielmehr so im Bewußtsein der Öffentlichkeit, daß später der bloße Auftritt der Figur genügt, um die Mehrzahl der Betrachter mit Pawlowscher Sicherheit Markennamen und Produkt assoziieren zu lassen. Dabei kann die Figur, wie im Fall des Michelin-Mannes, durchaus einem bereits vorher konturierten Markenemblem entspringen, aber sie gewinnt ihren Charakter erst in dem Maße, wie sie ein figürliches und mediales Eigenleben entwickelt, was, wie man sehen wird, fast dasselbe ist.

Zu den ersten Medien der Werbefigur zählen Plakat und Zeitungsanzeige. Beide ermöglichten es, die einmal konturierte Werbefigur auf wechselnden Schauplätzen und in veränderten narrativen Rahmen auftreten zu lassen. Kurioserweise versuchte auch die Odol-Werbung früh, das Prinzip des wechselnden Schauplatzes aufzugreifen, indem sie den Markennamen plastisch in assoziationsreichen Umgebungen inszenierte. Aber mit einer bloßen Wortmarke ließ sich nicht die Popularität einer Werbefigur erreichen.

Die Plakatkampagne für den Michelin-Mann festigte dagegen dessen fiktive Identität schon bald so stark, daß ein Festwagen des Karnevalumzuges in Nizza ihn 1912 in verschiedener, darunter auch monumentaler Größe mitführte – bis heute ist die plastische Ausführung des beliebten Reifenkerls nachdrücklicher Hinweis darauf, daß die Kleinplastik das älteste und lange Zeit populärste Medium der Werbefigur gewesen sein dürfte. Auf Ladentischen oder in Schaufenstern plaziert, lebte auch sie bereits von einer Art Schauplatzwechsel, hauptsächlich aber von ihrem figürlichen Charme – wie Johnny Walker, der in Kneipen und Läden seine kühne Ausschreitung in den Dienst der Werbung stellte.

Ein entscheidender Schritt in die Verselbständigung der Werbefigur vollzog sich mit dem Übergang in den Comic-strip: Er dürfte das Medium sein, in dem sich die Werbefigur zum ersten Mal richtig zu Hause fühlen konnte, bis sie dann über den Zeichentrickfilm in den Fernsehspot abwanderte. Über den Comic-strip hat sich manches Markenzeichen in Werbefiguren übersetzen lassen, und dafür bietet sich ein schlagendes Beispiel aus der westdeutschen Nachkriegswerbung an: Das eingetragene Markenzeichen der

Schuhfirma Salamander zeigt seit 1899 einen Schwanzlurch – zunächst kurioserweise einen Bergmolch, seit 1908 dann einen späterhin unterschiedlich stilisierten Feuersalamander. Auch die Werbefigur ist ein Feuersalamander, allerdings einer, der völlig anders stilisiert ist als der des Markenzeichens, zudem einen Eigennamen trägt und spannende Abenteuer erlebt – Lurchi eben, der viele Kinder in den fünfziger und sechziger Jahren zittern ließ, ob sie auch dann noch in den Besitz eines der kostenlosen Comic-Hefte gelangen würden, wenn die praktisch denkende Mutter auf dem anderen Markenschuh bestehen sollte, gegen den offenbar kein Argument mehr zu helfen schien.

Lurchi ist – wenn auch in einem heute rührend antiquiert anmutenden Entwicklungsstadium – ein ideales Beispiel für eine Werbefigur, denn im Gegensatz zum Markenzeichen der Firma, für die er wirbt, ist er anthropomorph, sprachbegabt und beweglich; sein Gestenrepertoire ist hoch differenziert, und doch ist er stets auf Anhieb wiederzuerkennen und unverwechselbar. Dabei ist er für seine Zielgruppe von ungewöhnlich hoher figürlicher Attraktivität und hält das Interesse der Kinder durch immer neue Abenteuer lebendig, die natürlich stets um die Ware kreisen, für die er wirbt. Es sind reale und zauberische Eigenschaften, die dabei hervorgehoben oder den Schuhen angedichtet werden – im Einklang mit dem objektmagischen Weltbezug des Kindes eine ideale Werbestrategie, auch wenn sie dem erwachsenen Leser zuweilen ironisch pointiert erscheint. Lurchi erfüllt glänzend die Hauptaufgabe der Werbefigur, die darin besteht, die unspektakuläre und profane Ware narrativ aufzuladen und ihre Thematisierung in wechselnden Kontexten plausibel zu machen.

Erzähltechnisch gesehen ist es die für „Lurchis Abenteuer" typische Balance aus Wiedererkennungseffekt und Handlungsvariante, in der Werbefiguren angesiedelt sind: Das Neue der Handlung dient dazu, den Auftritt der bekannten Figur zu motivieren, wofür schon eine Episode genügt. Dabei hat der Comic-strip nicht zufällig Pate gestanden, denn er weist seit Anfang des 20. Jahrhunderts eine typische Tendenz zu Serienhelden auf, die das schon durchaus populäre Medium der Bildergeschichte im 19. Jahrhundert so noch nicht kannte – welch ein Medienimperium hätte sich allein auf die beiden Prototypen „Max und Moritz" gründen lassen! Doch Wilhelm Busch war ein traditioneller Erzähler und glaubte, es seinem Publikum noch schuldig zu sein, nicht nur neue Episoden zu erfinden, sondern jeweils auch neue Hauptfiguren.

Mit den „Katzenjammer Kids" wurde dann erst 1897 – elf Jahre vor Buschs Tod und ohne Zweifel nach dessen Vorbild – von dem Deutsch-Amerikaner Rudolph Dirks und dem Zeitungsverleger William Randolph Hearst der entscheidende Schritt zur Serienidentität des Comic-strips getan, den Charlie Chaplin dann knapp zwanzig Jahre später in den Stummfilm übersetzte. Es ist die Tendenz des Comic-strips zum Serienhelden und zur Episode gewesen, welche die Entstehung der Werbefigur im modernen Sinn begünstigte.

Übergangsphänomene belegen die Affinität, nämlich Bildergeschichten, die an bereits existierende figurative Markenzeichen anknüpften, sie bisweilen sogar ohne große Änderung der Ausstattung übernehmen und in Bewegung setzen konnten. Rückblickend scheinen ja in manchen figürlichen Markenzeichen die Werbefiguren schon angelegt gewesen zu sein, die sie nur deshalb nicht geworden sind, weil sie sich nie in Bewegung setzten – sie blieben, was die Angelsachsen „character trademarks" nennen: anthropomorphe Figuren, die in einer charakteristischen, meist dynamischen Pose erstarrt sind, sich aber nie „richtig" bewegen.

Natürlich sind die Grenzen fließend. Auch eine unbewegte Figur wie den „Osborne Stier" würde man nicht nur als Markenzeichen, sondern auch als Werbefigur betrachten, da ihm die analoge Animationstechnik angepaßt wurde, entlang der spanischen Schnellstraßen in unterschiedlichen Landschaften aufgestellt und dadurch in wechselnde Kontexte und scheinbar in Bewegung gesetzt worden zu sein. Bei anderen Warenzeichen ist es ihre optische Lösung vom Markennamen, sozusagen ihre emblematische Freistellung, die sie als Werbefiguren ansehen läßt. Das Dromedar etwa, das auf der „Camel"-Packung wirbt, läßt sich nicht als reines Markenzeichen einordnen, sondern behauptet sich selbst heute noch, in Konkurrenz zum tropentauglichen „Camel-Mann", als Werbefigur, als eine der berühmtesten sogar – immerhin sind ihm nicht nur zahlreiche Plagiate und Varianten, sondern sogar ein ganzes Romankapitel gewidmet worden, nämlich in der Marken-Groteske „Buntspecht" von Tom Robbins.

Doch scheint es angebracht, von Werbefiguren bevorzugt dort zu sprechen, wo Bewegung im Spiel ist – in welchem Medium auch immer. Denn im Unterschied zum Markenzeichen ordnete sich die Werbefigur in das einprägsame Wahrnehmungsmuster des Serienhelden ein und ist ihm auch in anderen Medien bis heute treu geblieben – die Werbefigur ist geradezu die reinste Form des Serienhelden.

Von der Plakatserie über den Comic-strip führte sie ihre Entwicklung weiter in den Zeichentrickfilm: Er war in seiner optischen Plausibilität und Suggestivität ihr perfekter Existenzbeweis. Daher sind die Beispiele, die einem für Werbefiguren auf Anhieb einfallen, meist solche aus Zeichentrickfolgen – namentlich das „HB-Männchen", laut Karl Heinz Bohrer „der einzige westdeutsche Reklametypus, der auch im Ausland bekannt geworden ist und der stilistisch Qualität besitzt". Einer der Gründe für die Beliebtheit des Zeichentricks lag natürlich in seiner Eignung für Serienhelden, die ja weder altern noch sterben sollen, was allenfalls eine Trickfigur garantieren kann – das HB-Männchen triumphiert schließlich trotz aller Niederlagen ständig über den Lungenkrebs.

Mit der Entwicklung der Film- und Fernsehwerbung hat sich dann ein neuer Typus der Werbefigur herausgebildet, der sich vom Markenzeichen weiter entfernt als jeder andere zuvor. Es ist eine mit Hilfe von Schauspielern geschaffene Figur, die sich bevorzugt im Werbefernsehen eingenistet hat. Der „Camel-Mann" ist dafür ein gutes Beispiel, denn er tritt in Konkurrenz zu einer schon etablierten Werbefigur, dem Dromedar. Ohne jeden bildhaften Bezug zum Markenzeichen entfaltet er durch seine filmisch oder fotografisch präsentierten Abenteuer ein spezifisches Assoziationsfeld für die Ware, das weit über deren traditionelles Markenimage hinausgeht. Gleichzeitig bürgt seine persönliche Erscheinung, seine schnauzbärtige Identifizierbarkeit, auch dann noch für die Authentizität der Konsumträume, wenn seine Rolle längst von einem anderen Schauspieler gedoubelt wird.

Als gleichbleibende Figur in wechselndem narrativen Rahmen und in verschiedenen Medien erlangt eine solche Werbefigur die Existenzform des antiken Mythos: Wie eine Herkules-Statue dem Zeitgenossen nur lesbar war, wenn er aus der mündlichen Überlieferung oder der Literatur die Geschichten kannte, die mit diesem Halbgott in Verbindung gebracht wurden, so stiftete andererseits die Statue die figürliche Veranschaulichung für die literarische Figur. So wie in der antiken Skulptur Kunst und Mythos narrative mit figurativen Energien kurzschlossen, überträgt sich die Episodenbiografie der Werbefigur aus dem bewegten auch auf den statischen Auftritt, aus dem Trickfilm auf das grafische Emblem des HB-Männchens, aus der Dschungel-Stimmung des Fernsehspots auf das Plakatwand-Großfoto des „Camel-Mannes": Werbefiguren sind medienkompatibel, ihre Auftritte ergänzen sich zu umfassenden Assoziationsrastern, die im Comic oder den audio-visuellen Medien geschaffen und dann auf das bloß statische Erscheinungsbild in Signet, Plastik oder Foto übertragen werden.

Von diesem medialen Energietransfer, der das mythische Hintergrundrauschen der Konsumgesellschaft bildet, lebt die zeitgenössische Werbefigur. Spekulationen über ihr geheimes Eigenleben belegen ihre Suggestivität. Als Gerüchte geistern sie kostenlos durch die Werbewelt der Mundpropaganda, etwa die Sage, es gebe aus der Hand des Lurchi-Erfinders auch einen firmenintern berüchtigten Porno mit dem Personal der Heftreihe oder es existiere ein Zeichentrickfilm, in der das hektische HB-Männchen mehrmals vergeblich versucht, Selbstmord zu begehen, was ihm erst nach dem Genuß einer Zigarette gelingt. In solchen Legenden erscheinen die Werbehelden als Märchenfiguren der Industriegesellschaft.

Überhaupt kann die Medienfigur in ihrem Realitätsgrad kräftig changieren. Dafür ist die Micky Maus ein ideales Beispiel. Solange sie in ihrem eigenen Comic-strip agiert, ist ihr fiktiver Charakter auch unter hartgesottenen Verehrern über jeden Zweifel erhaben. Selbst im verführerisch anschaulichen Zeichentrickfilm signalisiert das Ende der Vorstellung die Künstlichkeit der zuvor genossenen Illusion. Anders verhält es sich, wenn die prominente Maus fremdgeht: Taucht sie in der Werbung, wie aus einer anderen Welt kommend, auf, verliert sich ihr fiktiver Charakter, und sie wird zur allgegenwärtigen Person des Zeitgeschehens – genauso real wie ein „Sportschau"-Sprecher, der sein Gesicht für eine Biermarke hinhält oder wie ein TV-Conferencier, der sich vorsätzlich in eine Fast-Food-Filiale verirrt.

Walt Disney, das Genie der Serienhelden-Zeugung, hat diese Einnahmequelle bereits so früh erkannt, daß er schon in den dreißiger Jahren eine Gesellschaft nur für die Nutzungsrechte seiner Figuren in der Werbung gründete – vom Serienhelden der Fiktion zu dem der Werbung war es eben nur ein kleiner Schritt.

Denn Figuren, die als bereits bekannte Medientypen in der Werbung auftauchen, führen eine einfache Rechnung der Werbemathematik vor: die Prominenz von Figur und Ware wird scheinbar nur addiert, aber die Verwischung der Medienebenen potenziert die Wirkung aller Beteiligten.

Es fällt nicht schwer, sich diese Entwicklung bis in die Holografie verlängert vorzustellen: Wer weiß, wann uns die Gnome und Riesen der Werbung im Supermarkt dreidimensional an die Hand nehmen und mit computergesteuerter Ansprache zur richtigen Warengondel geleiten, auf daß wir uns nicht vertun? Dann werden wir erahnen, wie häufig McLuhans These „The medium is the message" zur Sottise herunterzitiert worden ist, weil wir plötzlich wissen, daß die Werbefigur in der Parapsychologie des Kapitalismus das Medium der „Warenseele" (Karl Marx) ist.

Blauer Reiter und lila Kuh

Werbung ist keine Kunst

Der „Blaue Reiter" und die Milka-Kuh sind zwei sehr unterschiedliche Kulturfolger: Das heroische Motiv des vom Menschen gezügelten Pferdes steht für den Beginn der radikalen Münchner Moderne um Wassilij Kandinsky und Franz Marc; der alpine Wiederkäuer dient dagegen als Markenfigur für Milchschokolade. Sie haben jedoch gemeinsame Eigenschaften, deren auffälligste zunächst ihre Fehlfarbe ist. Beim „Blauen Reiter" stellt man sich das Tier ja auch blau vor, obwohl nur sein Reiter ausdrücklich so charakterisiert wird. Das dürfte sich der Überlagerung mit den blauen Pferden von Marc verdanken; sie haben das Nachleben dieses Motivs stärker geprägt als die einschlägigen Bilder Kandinskys, auf denen die Pferde selten so blau sind wie auf dem Umschlag des gleichnamigen Almanachs von 1912.

Das Motiv des „Blauen Reiters" hat inzwischen eine lange Interpretationsgeschichte. Eberhard Roters und Klaus Lankheit haben sie in den sechziger Jahren forciert, Lankheit mit einer verkleinerten und kommentierten Neuauflage des Almanachs; Katalogessays und Dissertationen sparen seither nicht mit neuen Deutungen aus allen möglichen und unmöglichen Quellen.[1]

Der kämpferische heilige Georg, aber auch der spendable heilige Martin werden genannt, wenn es um die Identifizierung der mysteriösen Figur geht, und solche Zuschreibungen können sich auf Marc und Kandinsky selber berufen. Aber auch byzantinische Legenden und russisches Volksgut werden herbeizitiert; sogar die vier apokalyptischen Reiter, von denen freilich keiner blau ist. Das Motiv des Ritters ist im Spiel und damit auch Dürers „Ritter, Tod und Teufel"; sogar der russische Räuber Stenka Rasin kommt als eine Art bootsfahrender Robin Hood zu späten ikonografischen Ehren. Wieland Schmied hat auf eine Inspirationsquelle hingewiesen, die Marc wie Kandinsky als Studenten der Münchner Kunstakademie häufig passierten, nämlich deren große Freitreppe, die von zwei eindrucksvollen Reiterfiguren flankiert wird. Ende des 19. Jahrhunderts, also kurz vor dem Studienbeginn der beiden Maler, aufgestellt, zeigen sie die Zwillinge Castor und Pollux auf stolzen Rössern als Vorkämpfer der Kunst – ein Sinnbild des 19. Jahrhunderts, das auch für die Avantgarde des 20. Jahrhunderts brauchbar war.[2]

Wo immer der „Blaue Reiter" auch herkommen mag, seine Himmelsfarbe rundet den Eindruck ab, daß es um den Kampf zwischen Gut und Böse, Hoch und Niedrig, Geist und Materie, zu deutsch: Kunst und Kommerz geht. Man kann ihn daher dem Symbolismus der Jahrhundertwende zuordnen, doch läßt sich aus der Vielzahl der Deutungen auch folgern, daß er letztlich genauso synkretistisch ist wie der Almanach, dem er den Namen stiftete. Felix Thürlemann hat das aus unterschiedlichen Quellen gemischte Bildprogramm des Almanachs ketzerisch als einen frühen Höhepunkt in der Geschichte der modernen Bildmanipulation interpretiert; in der Tat wirkt es wie ein Vorläufer des „musée imaginaire" von André Malraux. Parallel dazu kann man die Vieldeutigkeit des „Blauen Reiters" als eine erfolgreiche Imagemanipulation betrachten und kommt dann einer zweiten Gemeinsamkeit mit der lila Kuh auf die Spur.

Die lila Kuh hat weder eine heroische Vorgeschichte, die bis in die Antike zurückreichen würde – damals wurde man allenfalls, wie Io, die Geliebte des Zeus, zur Strafe in eine Kuh verwandelt –, noch ist sie eine sonderlich komplexe Figur. Vielmehr wurde sie 1972 von Mitarbeitern der Werbeagentur Young & Rubicam auf der Rückfahrt von einem Firmenbesuch bei Suchard erfunden. Dort hatten die fassungslosen Werber Maschinen, Arbeitskleidung und Verpackungsmaterial bereits in lila vorgefunden; der ästhetische Schock zog die Farbmanipulation am Symboltier der Milch nach sich.[3] Seither steht es, ohne das im Kinderwitz eigentlich einschlägige braune Fell, für Schokolade.

Die Farbverschiebung sicherte der Kuh mehr Aufmerksamkeit, als die Erfinder hoffen durften, denn sie ist heute eine der prominentesten Markenfiguren. Als 1995 rund 40 000 Bauernhof-Poster an bayerische Kindergärten zum Ausmalen verteilt worden sind, soll jedes dritte Kind die Kuh auf dem Poster lila gemalt haben.[4] Die Prominenz der lila Kuh zeigt sich auch darin, daß sie es als bislang einzige Markenfigur geschafft hat, zum Romantitel zu avancieren: Der Schriftsteller Bernhard Lassahn hat sie 1983 als Metapher für die urbane Konsumlandschaft gewählt, durch die er seinen Helden irren läßt, und nannte seinen Erstling „Land mit lila Kühen".

Kulturhistorisch ist nun die Frage interessant, ob man Marcs und Kandinskys Willkür im Umgang mit den Farben von Tierfellen als Vorbild für die Mutation der lila Kuh ansehen kann. Läßt sie sich von den blauen Pferden herleiten, oder handelt es sich, wie Erwin Panofsky gesagt hätte, um eine Pseudomorphose – um eine suggestive Ähnlichkeit, bei der, genauer betrachtet, die Unterschiede dann doch die Gemeinsamkeiten überwiegen? Sollte die Herleitung der lila Kuh vom blauen Pferd stimmen, wäre das zunächst nur ein weiterer Fall der notorischen Zweitverwertung künstlerischer Kühnheiten durch die Werbung. Freilich ginge es diesmal nicht um die üblichen Motiv- oder Formwanderungen, sondern um eine Radikalisierung der Bildauffassung.

Eine Betrachterin, die an der falschen Farbe seiner blauen Pferde herummäkelte, soll Franz Marc mit dem Hinweis abgefertigt haben, es handele sich nicht um Pferde, sondern um Bilder. Was Marc dergestalt für die typische Autonomie des modernen Kunstwerkes in Anspruch nahm, ist in der Tat längst zu einem Bildprinzip auch der Werbung geworden: Hier geht es nicht um eine Kuh, sondern um eine Markenfigur, die eine selbständige Medienexistenz führt und nicht mit den Kühen auf der Weide verwechselt werden will, genauso wie man aus der berühmten Kuh, die lacht („La vache, qui rit"), nicht auf eine heitere Anomalie der Tierwelt schließt, sondern auf Käsewerbung. In der Freiheit der Verfremdung könnte die lila Werbe-Kuh also tatsächlich in der Nachfolge des „Blauen Reiters" stehen, nämlich als Beispiel für die bildnerische Genmanipulation der modernen Kunst, die inzwischen durch die wachsende Pixelfreiheit noch ungeahnte Möglichkeiten dazugewonnen hat.

Aber es gibt noch eine weitere Gemeinsamkeit zwischen den ungleichen Tieren, denn beide dienen auch als Markenfiguren: Der „Blaue Reiter", dem die Interpreten nur zu gerne bei seinem romantischen Ritt auf die hohe Burg folgen, die gerettete Prinzessin vor sich auf dem Sattel, hatte als Reiseziel nämlich eher einen Markt vor Augen, und zwar den Münchner Kunstmarkt, der um die Jahrhundertwende von europaweiter Bedeutung war. Lange Zeit gehörte es zwar zum Erfolgsrezept der modernen Kunst, die kommerzielle Seite ihrer Existenz kunstreligiös zu vernebeln, wenn nicht gar zu leugnen, worauf Kunsthistoriker immer noch hereinfallen, weil sie sich nur in ihren eigenen Karrierelandschaften auskennen. Doch haben sich kunstreligiöse Lauterkeit und kommerzielles Geschick nie ausgeschlossen, wofür gerade die Truppe des „Blauen Reiters" überraschende Belege lieferte. So konnte Wulf Herzogenrath anhand des Briefwechsels von Marc und Macke zeigen, wie handfest die sonst eher als treuherzig rezipierten Künstler im Kampf um Marktanteile hinter den Kulissen mitmischten; zu Recht hat Herzogenrath dieses Vorgehen als „Marceting" bezeichnet.[5]

Die Kunstwissenschaft hat die antiakademische Selbstdarstellung vieler Künstler der Klassischen Moderne so ernstgenommen, daß ein durchaus akademischer Aspekt ihres Auftretens darüber in Vergessenheit geriet. Der bezieht sich nicht auf die Form der Werke – die waren nun wirklich antiakademisch – sondern auf den Habitus ihrer Urheber. Wolfgang Ruppert hat 1998 die große Studie „Der moderne Künstler" vorgelegt, in der er die Kunstausbildung um die Wende zum 20. Jahrhundert vor allem am Beispiel der Münchner Akademie untersucht. Dabei hat er als das geheime Lernziel solcher Institutionen, die vorgeblich nur künstlerische Techniken und ästhetische Traditionen lehren, die Vermittlung eines spezifischen Künstlerhabitus ausgemacht, der sich grob als ein Komplex von Denk- und Verhaltensweisen zwischen kunstreligiösem Sendungsbewußtsein und pittoresker Selbstinszenierung auf dem Markt charakterisieren läßt.

Ruppert lehrt als Kulturhistoriker an einer Kunstakademie und hat daher in der heutigen Form mitbekommen, was sein Buch historisch charakterisiert: Die Ausbildung des Künstlers zum Unternehmer, der nicht wie einer aussehen darf, aber nur als solcher überleben kann. Das dazu nötige Wissen um die Überlebenstechniken auf dem Kunstmarkt und im Subventions-Dschungel der Stipendien wird an den Akademien explizit oder durch Lernen am Vorbild vermittelt – eine Akademie ist immer auch eine verkappte Unternehmensschule.

Als solche hat sie ihren Absolventen Macke und Marc beigebracht, wie man sich gesellschaftlich ins Spiel bringt; für Kandinsky war sie zudem eine Schule der Markenemblematik: Obwohl er vorgab, von seinem Lehrer Franz von Stuck nicht viel gelernt zu haben, war er – worauf bereits Ruppert hingewiesen hat – als Markentechniker dessen bester Schüler: Nach der Inflation des Markenzeichens „Sezession" und der Zugehörigkeit zur Neuen Münchner Künstlervereinigung NMKV – der man viel Gutes, aber nicht nachsagen kann, sie hätte sich einen besonders merkfähigen oder attraktiven Namen gewählt – taufte Kandinsky die Ausstellungsgemeinde seiner Privatschule „Phalanx" und schuf antikisierende Plakate für eine mit Speer und Schild entschlossen auftretende Truppe.

Stuck hatte wenige Jahre zuvor die kriegerische Pallas Athene als Markenzeichen reklamiert, damals für die Sezession, und diese Konstellation konnte in der Kunstmetropole München ihre Wirkung nicht verfehlen, wo die gerade fertiggestellte Akademie weithin sichtbar von einer prominenten Figur eben dieser Pallas Athene überragt wurde. Genauso geschickt wie Stuck verknüpfte Kandinsky den Modernitätsanspruch seiner Kunst mit traditionell abgesicherten und prestigegeladenen Symbolen. Im Bild der Phalanx, der antiken Schlachtreihe, klingt zudem – wie in der Pallas Athene – der ökonomische Konkurrenzkampf an, in dem sich die Künstler in der Umbruchsphase zur radikalen Moderne mehr denn je befanden: Die Streiter für die Kunst waren ja vor allem Streiter für ihre eigene Kunst.

Wenn man die Generation der Lenbach, Makart und Stuck mit Ruppert als Exponenten des modernen Kunstunternehmertums betrachtet, dann waren die Münchner Vertreter der Klassischen Moderne in der Tat ihre besten Schüler; diese professionelle Kontinuität wurde allerdings lange Zeit durch den spektakulären stilistischen Bruch überblendet.

Als Kandinsky dann seine Zusammenarbeit mit Marc und Makke unter den Schutz des mysteriösen „Blauen Reiters" stellte, verriet er ein weiteres Mal sein Geschick für die Imagebildung, zunächst, indem er eine besonders assoziationsreiche Farbe wählte. (Jahre später firmierte er am Bauhaus mit Feininger, Klee und Jawlensky noch einmal als „Die Blauen Vier".) Aber auch das für viele Deutungen offene Bild des Reiters erwies sich als Glücksgriff der Imagebildung: Es ließ nicht nur ritterliche Mystifikationen zu, sondern auch an die damals noch zeitgemäße, ebenso elegante wie eindrucksvolle Fortbewegungsweise der höheren Klassen denken; nicht zuletzt im Militär, wo es auch blau uniformierte Reiter gegeben haben wird.

Dieser Umstand hat mehr als nur anekdotisches Gewicht, denn Kandinsky berief sich mit seiner Gruppenbildung des „Blauen Reiters" ja ausdrücklich auf die militärische Einrichtung der Avantgarde, also auf jene elitäre Einheit, die vor dem Heer die

Feindaufklärung betrieb und damals tatsächlich noch aus Reitern bestand. Diese Vorhut schien Kandinsky das passende Symbol, um sich selbst im kulturellen Feld zu verorten; der „Blaue Reiter" ist ein Elitesoldat der Kunstvermarktung. Die dazugehörige Avantgardetheorie („Über das Geistige in der Kunst", 1912) belegt, daß er ein glänzender Analytiker des Marktgeschehens war: Er positionierte sich an der Spitze der kulturellen Entwicklung, der die träge Masse des Publikums mit der Langsamkeit eines Heeres folgen würde. Das war nicht nur eine gewaltige Selbstheroisierung, es schmeichelte auch allen Sammlern, die als ähnlich Mutige die Werke der einsamen Vorreiter erwarben. Wie viele Künstlertheorien des 20. Jahrhunderts auch als solche Sammlerschmeichelei gelesen werden müßten, das hat freilich noch niemand untersucht.

Es war ein elitärer Nischenmarkt, den die Avantgarden anvisierten, und das mit raschem Erfolg, denn auch das industrielle Großbürgertum jener Zeit befand sich in der Umbruchssituation einer ähnlich radikalen Modernisierung: Kunst wurde – worauf Thomas Nipperdey 1988 in einem Essay „Wie das Bürgertum die Moderne fand" hingewiesen hat – zur brauchbaren Metapher für die Entwertung der Tradition durch die Industrialisierung. Die Traditionsfeindlichkeit der Avantgarden lieferte die passende Ästhetisierung für die wachsende Zerstörungsbereitschaft der ökonomischen, kulturellen und auch der militärischen Modernisierung; zugleich war die moderne Kunst eine elegante Konsummarke für die Entschlossenheit, mit der man dabei im Namen von Zukunft und Fortschritt zu Werke ging.[6]

Nicht alle Künstler, die die erfolgversprechende Interessenkoalition von Kunst und Bürgertum witterten, haben darauf so instinktsicher reagiert wie der russische Jurist. Er ist der Pionier einer Ära gewesen, als in der Kunst eine regelrechte Markenartikelproduktion einsetzte und eine Fülle von konkurrierenden Trends hervorbrachte. In dieser Konkurrenz positionierte Kandinsky sich (und, wie immer, auch einige Freunde) über ein ebenso rätselhaftes wie faszinierendes Emblem, das sich als Markennamen im Bewußtsein des Publikums und der potentiellen Kundschaft leicht festsetzen konnte – weder die Dresdner „Brücke" noch „Die gläserne Kette", zwei nahezu gleichzeitige Etiketten, besaßen diese metaphorische Kraft.

Inzwischen wird die moderne Kunst als der Markenartikel par excellence angesehen, wofür sie in der Tat viele Eignungsmerkmale aufweist: Auf der Seite des Produzenten einen hohen Wiedererkennungswert über die künstlerische Handschrift; auf der Seite des Sammlers der Prestigegewinn durch demonstrativen Besitz; als Objektqualität schließlich eine materielle und kulturelle Haltbarkeit, die mit der Erwartung möglicher Wertsteigerung einhergeht. Damit stellt sie sowohl ein attraktives Konsumversprechen wie eine lohnende Investition dar.

Manche Kunsttheoretiker sehen inzwischen in der modernen Kunst sogar das Vorbild für die Isolierung und Profilierung eines Produktfeldes über seine symbolische Qualität, also den Markenartikel schlechthin; in seinem Buch „Mit dem Rücken zur Kunst" hat Wolfgang Ullrich diese These näher begründet.[7] In der Tat sind die Verhältnisse nicht erst seit Jeff Koons ins Rutschen gekommen, der nur in der Pose offensiver Skrupellosigkeit vorführt, was viele seiner Kollegen spätestens seit dem 19. Jahrhundert diskreter praktizieren, nämlich bei ihrer Produktion die Marktnachfrage nicht außer Acht zu lassen und den Anschluß an die Standards der Konsumgesellschaft nicht zu verlieren.

Wenn die moderne Kunst tatsächlich ein so geschickt positioniertes Produkt ist, worin sollte dann noch ein Unterschied zur Werbung gesehen werden können? Über den Unterschied zwischen Kunst und Werbung ist in den letzten Jahrzehnten ebenso nachdrücklich wie unergiebig debattiert worden. Dem Thema wird aber ständig neue Energie zugeführt, weil viele Vertreter der Werbung sich degradiert fühlen, wenn sie nur als Designer oder Kreative fungieren dürfen, nicht aber, wie es einem offenbar verbreiteten Wunschtraum entspräche, auch als Künstler. Daher hat die Branche inzwischen einen eigenen Gleichstellungsbeauftragten, der regelmäßig die kokette Falschmeldung „Werbung ist Kunst" positioniert, nämlich Michael Schirner.[8] Aber auch der Fotograf Oliviero Toscani sieht sich als Künstler und hat mit seiner Werbekampagne für Benetton tatsächlich einmal einen interessanten Bilderstreit angezettelt; als Triumph darf er es nun betrachten, daß seine Trennung von Benetton bundesweit nicht im Wirtschaftsteil, sondern im Feuilleton gemeldet wurde.[9]

Der Kunstanspruch der Werber kann sich auf seriöse Ausstellungen berufen, die in den neunziger Jahren etwa im New Yorker

Museum of Modern Art oder im Pariser Centre Pompidou die Bildstrategien von Kunst und Warenwerbung auf Gemeinsamkeiten, Einflüsse und Nachwirkungen hin untersucht und gezeigt haben, daß das Interesse der Werbung an der Kunst schon vor der Pop Art durchaus nicht einseitig war.[10] Künstler, von denen man nicht wußte oder wissen wollte, daß sie – wie etwa Kurt Schwitters oder Willi Baumeister – ihr Geld auch als Werbegrafiker verdient hatten, stehen heute genauso für die historische Affinität beider Bereiche wie der unbefangene Zugriff vieler Künstler auf die Emblemwelt der Werbung, mit dem sie – wie etwa schon Stuart Davis – die Popularität ihrer eigenen Werke durchaus beförderten. Seit dem Erfolg der Pop Art in den sechziger Jahren hätte man ohnehin meinen können, der Rangordnungskonflikt wäre ausgestanden, denn die bildende Kunst zog nicht nur wichtige Inspirationen aus der Werbung, sondern übernahm sogar einige der Herstellungstechniken aus dem Bereich dieser kommerziellen Bildproduktion.[11]

Doch stand und steht der Gleichstellung der Glaube im Wege, Kunst sei, anders als die Werbung, authentisch, glaubwürdig und – zumindest überwiegend – unkommerziell. Hat die Kunst ein geistiges Wasserzeichen, das der Werbung fehlt? Worin besteht es und in welchem Licht wird es sichtbar? Für die Entstehungszeit des „Blauen Reiter" hätte man ein einfaches Kriterium der Unterscheidung von Kunst und Werbung im Pathos zu nennen, das sowohl die Werke wie die auf sie bezogenen Äußerungen kennzeichnete: Gleichgültig, ob man die Manifeste der Futuristen liest oder der Dadaisten, die literarischen Wegbegleiter der Surrealisten oder der Expressionisten, Pathos ist ihr gemeinsamer Grundton, und entsprechend sahen für die Zeitgenossen häufig auch die Werke aus: Überdosiert in jeder Hinsicht – in der Intensität der Farbe, der schöpferischen Willkür der Form, der narrativen Provokation der Motive und bald auch in der Größe der Formate.

Dieser hohe Ausdruckswille galt und gilt als Nachweis einer besonderen Glaubwürdigkeit und Authentizität der Kunst; als symbolische Produktqualitäten wurden sie über das Pathos von Präsentation und Interpretation kulturell so verankert, daß die moderne Kunst sich als Produkt eigener Gesetzmäßigkeit, also als autonome, in eigenen Häusern, den Museen, etablieren konnte – in deren Kunstlicht wird das Wasserzeichen der Kunst jedem sichtbar.

Seither ist Kunst gleichsam wesentlich pathetisch, selbst – und gerade – wenn sie ihr eigenes Pathos auszuhebeln versucht, wie im Dadaismus, oder ironisiert, wie in der Pop Art, oder veralbert, wie etwa der frühe Polke und zeitlebens Martin Kippenberger. Kunst kann ohne Ansehensverlust in einem weiten Spielraum der Ironie oder gar der Selbstdestruktion operieren, weil sie sich stets eines kulturell hochgeschätzten Wahrnehmungsrahmens sicher sein darf, eben des Museums, das selbst dem Kunstclown sein flankierendes Pathos stiftet.

Pathos, gleichgültig, wie fragwürdig man es im Nachhinein finden mag, ist nun eine Eigenschaft, die man auf keinen Fall mit Werbung in Verbindung setzen würde, allenfalls mit der politischen Propaganda vergangener Zeiten. Gibt es einen entsprechenden Grundton der Werbung, der sie ähnlich prägnant und umfassend kennzeichnen würde? Für die letzten dreißig Jahre ist wohl Albernheit die überwiegende Stimmung der Produktwerbung gewesen, und kein Wappentier hätte dafür glaubwürdiger stehen können als eine lila Kuh.

Im Alltagsverhalten ist Albernheit der Versuch, schneller Gags zu produzieren, als sie einem einfallen; komisch zu sein bei rasant sich aufbrauchender Substanz; eine Hysterie der Heiterkeit bei schwindender Inspiration; das Leerlaufen überdrehter Impulse. Trotz eskalierender Anstrengung endet sie im seichten Niveau, nach Pointen japsend; in einem selbsterzeugten Taumel, der kein Ende finden will, weil schließlich alles, auch das Bedeutungslose, als Gag herhalten muß. Wer Kinder hat, weiß, daß sie meist auch ein Symptom der Ermüdung ist.

Als ästhetisches Phänomen kann Albernheit freilich eine bemerkenswerte suggestive Kraft haben: Anders als Satire und Parodie, denen die Umstände, denen sie sich verdanken, immer eingeschrieben sind, läßt Albernheit das Leben so ungetrübt erscheinen, als gebe es überhaupt keine ernsthaften Probleme, als hätte die Welt kein Gewicht: Sie stellt einen spielerischen Kontext her, in dem nichts ernst genommen werden will; sie ist die reine Oberfläche der Komik, ohne den Konnotationsreichtum von Ironie oder Zynismus; ein beinahe autonomes Feuerwerk, dem die Wirklichkeit allenfalls als Trägerrakete dient.

Als solche kann sie ein Zustand des Glücks sein, freilich nur für kurze Zeit, denn das Geheimnis ihrer ästhetischen Wirkung liegt in ihrer Dosierung und Einbindung in die anderen Gattungen des Komischen. Wilhelm Busch, Heinz Erhardt und Willy Millowitsch waren Meister dieser Kunst; gegenwärtig sind Loriot, Robert Gernhardt, Harry Rowohlt oder Max Goldt ihre Olympier. Für andere Ländern sind es Monty Python, Emil Steigenberger oder Louis de Funès, was zeigt, wie unterschiedlich die Kulturcharaktere in dieser Hinsicht sind. Unlängst hat Roberto Begnini in der artistischen Gratwanderung seines Films „Das Leben ist schön" vorgeführt, welche beunruhigende Kraft gerade die Albernheit haben kann.

Adorno (der Albernheit mit dem „Clownshaften" gleichsetzte, was eine problematische Analogie ist) hat in ihr sogar eine unverzichtbare Qualität des Kunstwerks sehen wollen. Daher muß es nicht zwangsläufig als Abqualifizierung empfunden werden, wenn man der Werbung Albernheit attestiert. Ihre Produkte sind ja nicht durchweg uninspiriert; es gibt herausragende Beispiele einer ausgesprochen versierten Albernheit, die auch einem kunsttrainierten und bildverwöhnten Betrachter Respekt abnötigen, etwa die Plakatwerbung für Lucky Strike, um nur ein aktuelles Beispiele zu nennen, und natürlich die lila Kuh: Sie verkörpert in sonnigen Landschaften, die dem 19. Jahrhundert als erhaben vorgekommen wären, gelassen ihre farbsprühbenebelte Botschaft: „Don't worry, buy Milka", und beweist, daß auch die Almen vom Afri-Cola-Rausch nicht verschont geblieben sind.

Wenn Albernheit einen solchen Spielraum der Qualität hat, warum fallen einem dann auf Anhieb so wenig gelungene Beispiele aus der Werbung ein? Das hat mehrere Gründe; zunächst den, daß Werbung unentwegt das Banale in Szene setzen muß und daher auch beim ästhetisch Banalen Zuflucht sucht; darüber wird sie künstlerisch uninteressant auch da, wo sie im Sinne des Marketing erfolgreich ist. Stets perfekt in der Beherrschung der Medientechnik, ist ihre Botschaft meist eher schlicht; die Bescheidenheit ihrer Mittel verrät sich meist schon in ihrer Neigung zur albernsten Zwangsmaßnahme der Komik, dem Kalauer.

Ein weiterer Grund ist, daß Werbung ihre Wirkung selbst dann zerstört, wenn sie nicht albern ist, denn sie ist Heiterkeit in einer rituellen Überdosis. Das greift auch ihre besseren Beispiele an, die komischen und satirischen oder grotesken Anzeigen und Spots: Sie werden Opfer einer hausgemachten Selbstannullierung, die nicht nur durch die Menge der Botschaften entsteht, die sich in allen Medien und an vielen Orten aufdrängen, sondern vor allem durch ihre ständige Wiederholung. Wie nichts älter wirkt als die Zeitung von gestern, wirkt nichts alberner als eine mehrfach erzählte Pointe.

In der räumlichen und zeitlichen Wiederholung ihrer Gags und Plots macht Werbung ihre ästhetische Wirkung selbst zunichte und erzeugt einen Overkill, der auch das ästhetisch Respektable schließlich albern erscheinen läßt. Die Angst vor solchen Effekten sorgt in der Markenwerbung dafür, daß selbst Figuren, die – wie das HB-Männchen – als Klassiker die ständige Selbstentwertung überlebt haben, zeitweise und schließlich dauerhaft aus den Kampagnen herausgenommen werden; so löscht die Werbung schließlich ihr eigenes Gedächtnis.

Kunst wird dagegen in einem Betrieb bewegt, der sie bewußt dosiert: Von den Ateliers über die Galerien und Zeitschriften bis zu den Museen werden die Maschen immer enger und die Auswahl der Werke immer exklusiver, die mit der typisch modernen Überlebensgarantie der Musealisierung rechnen dürfen. Einmal im Museum angelangt, können sie mit einer Wertschätzung rechnen, die Bildern außerhalb dieser Institution nicht widerfährt.

Werbung ist auch schon deshalb albern, weil sich Sexualität, Gewalt und Tod, also das letztlich Ernsthafte im Leben, als explizite Motive verbieten, auch wenn hier an den Tabus ständig gerüttelt wird. Deshalb konnten Toscanis Fotografien zum Skandal werden, weil ihre Motive nämlich von unbezweifelbarem, ja unironisierbarem Ernst waren – womit freilich noch nichts über die Motive ihres gewerblichen Herzeigens gesagt ist.

Weil sie spielerisch daherkommt, aber die Marketinginteressen, für die sie steht, bierernst sind, leidet Werbung an einer strukturellen Unglaubwürdigkeit, die ihren sensibleren Vertretern auf die Dauer an die Nerven gehen muß; dann dilettieren sie, angeekelt vom eigenen Beruf, wie Oliviero Toscani in der Kulturkritik.

Eine solche strukturelle Unglaubwürdigkeit kann man freilich inzwischen auch der Kunst nicht mehr absprechen; das ist es ja, womit ein Jeff Koons offensiv kokettiert. Die kunstreligiöse Verbrämung hat jedenfalls an Glaubwürdigkeit in dem Maße verloren, wie die moderne Kunst im letzten Jahrhundert eine kommerzielle Erfolgsgeschichte absolvierte, die in Umsatz und Volumen die

Kunst jedes anderen Jahrhunderts weit hinter sich gelassen haben dürfte – selbst die des „Goldenen Zeitalters" im holländischen 17. Jahrhundert.

Dieser kommerzielle Erfolg der modernen Kunst wurde lange Zeit nur von ihren Gegnern hervorgehoben, die aus der richtigen Beobachtung freilich gerne falsche, aber populäre Argumente folgerten. Um diese zu widerlegen, haben die Verteidiger der modernen Kunst zu lange deren wirtschaftlichen Erfolg und kommerziellen Charakter herunterzuspielen versucht, was wenig hilfreich war, da es die kunstreligiöse Ideologie der Unkommerzialität von Kunst nur verlängerte, deren Glaubwürdigkeit aber nicht vergrößerte. Diese Zurückhaltung ist überflüssig geworden, weil die moderne und sogar die zeitgenössische Kunst inzwischen einen so hohen Respekt in der Gesellschaft genießen, daß man heute die soziologischen Tatsachen offen diskutieren kann, ohne in den Verdacht zu geraten, die Vorurteile von gestern aufwärmen zu wollen.

Es lohnt sich sogar, in die ökonomischen Niederungen der Kunst herabzusteigen, denn ausgerechnet hier stößt man auf den entscheidenden Unterschied der Kunst zur Werbung: Werbung will stets etwas anderes verkaufen als sich selbst, Kunst dagegen immer nur sich selbst. Natürlich steht auch die Werbung in Grenzen für sich, denn eine kluge Agentur wird immer auch um eine Handschrift bemüht sein, mit der sie nicht nur die beworbenen Produkte, sondern auch sich selbst positioniert. Doch kann ein Werber, dem so etwas gelungen ist, sich deshalb noch lange nicht als Künstler fühlen, weil es nämlich stets sein vorrangiges Produktionsziel sein muß, etwas anderes zu verkaufen als seine eigenen Werke.

Dagegen konnte die Kunst in der Moderne immer auch für etwas anderes einstehen – sei es für politische Utopien wie im Konstruktivismus, für den industriellen Fortschritt wie im Futurismus, für radikale Gesellschaftskritik wie im Dadaismus oder einfach als Statthalter des Humanen –, das Produkt aber, das es zu verkaufen galt, war stets und ausschließlich das Kunstwerk selbst. Deshalb muß das Kunstwerk eine ungleich höhere kulturelle Wertigkeit und Komplexität haben als jede Werbung, nicht nur, weil es die Weiterverkäufe der Zukunft einzurechnen gilt, sondern weil es sich bis ins Museum durchschlagen und dort auf Dauer behaupten muß: Es muß vielen Betrachtern Verschiedenes sagen können, während Werbung allen nur Eines einbleuen will.

Dabei hat die Kunst übrigens einen unverdienten kulturellen Standortvorteil: Ihr hat man es stets verziehen, wenn sie sich allen Attacken auf das Bürgertum zum Trotz an genau diese Klasse verkaufte, ja mit ihren Provokationen letztlich nichts anderes zu bezwecken schien, als die konsumvorbereitende Aufmerksamkeit genau dieses Publikums zu erregen. Der Werbung, die über ihre kommerziellen Intentionen nie Unklarheiten aufkommen läßt, wurde dagegen nie verziehen, daß sie sich offen in den Dienst der Konsumgüterindustrie stellt. Doch kann die Werbung mit einem anderen Standortvorteil kontern, denn sie erfüllt einen Traum, der die Kunst der Klassischen Moderne beflügelte, ohne daß sie ihn auch nur halbwegs hätte umsetzen können – den Traum, die Welt zu verändern: Die Bilder der Werbung nehmen Einfluß auf ihre Betrachter, beeinflussen sein Verhalten und verändern daher die Welt – freilich nicht in dem Sinne, wie es die Klassische Moderne gewollt hätte.

Zur bisweilen unverdienten Geringschätzung der Werbung trägt freilich am meisten ihre eigene Aufdringlichkeit bei. Als heutiger Medienbenutzer kann man es sich ja nicht einmal mehr, wie früher, aussuchen, ob man Werbung zur Kenntnis nehmen will oder nicht – diese idyllischen Zeiten sind außerhalb der Tageszeitung längst vorbei. Jeder sensible Fernsehbesitzer weiß, mit welcher akustischen Wucht und bildhaften Brutalität die Werbeinseln in einen Film hineinplatzen können, dem gerade noch seine höchste Aufmerksamkeit galt. Es hat im 20. Jahrhundert keinen so umfassenden und unangefochtenen kulturellen Vandalismus gegeben wie die Zerstörung der filmischen Wahrnehmung und narrativen Konzentration durch die Werbeinseln der Privatsender: Die Werbepause ist der massivste Eingriff in die Kultur seit der Abschaffung der Zensur; sie mißbraucht und verstümmelt den Film, die führende Kunstform des 20. Jahrhunderts, als Vehikel und laugt ihn von innen her aus, wie die Larve der Schlupfwespe ihr Wirtstier. Das ist längst nicht mehr nur ein müde belächelter Topos der Kulturkritik, sondern durch das offensive Auftreten des werbefreien Privatsenders *premiere* inzwischen selbst wieder ein Motiv der Werbung geworden.

Übrigens ist es auch ein weiteres Beispiel für die Verwirklichung der künstlerischen Träume der radikalen Moderne durch die Werbung von heute: Was, wenn nicht die Werbeinsel, wäre denn effektive Antikunst im Sinn des Dadaismus? Sind aus den Ikonen des angeblich kunstzerstörerischen Dadaismus längst hoch versicherte Museumsstücke geworden, so hat die Werbung den Charakter der Antikunst angenommen: Ebenso unversichert wie unbekümmert zerstört sie als geistige Antimaterie die Rezeptionshaltung, der die Kunst über Jahrhunderte hinweg ihre Prominenz und Wirksamkeit verdankte. „Glotzt nicht so romantisch" ist ihre Brechtsche Botschaft, wenn sie mit ihren hektischen Albernheiten in die Faszination eines Liebesfilmes einbricht, um den Betrachter wissen zu lassen, daß im Alltag Windeln und Binden, Kaffeesorten und Automarken zählen und nicht die hochgestimmte Emotion. Als unausweichliche Maßnahme der Verfremdung erfüllt sie Brechts Traum vom Distanzierungsreichtum des epischen Theaters, nur daß die eingeblendeten Parolen schwerlich in sein offizielles Weltbild gepaßt hätten.

Durch ihre Allgegenwart in den Medien und ihr Eindringen in jedes TV-Format ist Werbung totalitär geworden – nicht im politischen Sinne einer militärisch-bürokratischen Tyrannei, aber im kulturellen Sinn medialer Omnipräsenz. Das fällt nur deswegen nicht auf, weil sie ihre totalitäre Präsenz mit Albernheit überspielt und den Betrachter damit zu entwaffnen und auf Dauer zu korrumpieren versteht.

Der totalitäre Charakter der Werbung unterscheidet sie ein weiteres Mal von der Kunst, diesmal auf geradezu groteske Weise: Wie Reinhold Grimm und Jost Hermand, Boris Groys, Peter Ulrich Hein, Jean Clair oder Beat Wyss wiederholt erörtert haben, waren viele Avantgardisten an den totalitären Bewegungen des Faschismus und Kommunismus sehr interessiert und bereit, sich mit ihnen zu verbünden – in der Hoffnung, darüber auch ihre künstlerischen Konzepte an die Macht zu bringen und aus dem Ghetto des bürgerlichen Sammlerpublikums herauszuführen.[12] Sofern solche Bündnisse sich tatsächlich ergaben – wie zwischen italienischen Futuristen und Faschisten oder zwischen russischen Konstruktivisten und Bolschewiken –, haben sie die Zeit nicht überlebt, in der die politischen Bewegungen die Künstler für die Propaganda brauchen konnten. Nach der endgültigen Machtergreifung der Diktatoren wurden diese Bündnisse stets einseitig gekündigt; im Stalinismus sogar mit der Liquidierung der einstigen Parteigänger.

Anderen modernen Künstlern, zum Beispiel Sympathisanten des Nationalsozialismus wie Emil Nolde, ist eine solche Peinlichkeit erspart geblieben, weil Hitler im Gegensatz zu Goebbels solche Koalitionen von Anfang an verhinderte. Aber selbst Kunstrichtungen wie etwa „de Stijl", die sich weder mit den rechten noch den linken Totalitarismen verbünden wollten, neigten in dem Glauben an die Notwendigkeit ihrer stilistischen Konzepte zu einem ästhetischen Totalitarismus.

So kommt man also zum Schluß dieses Vergleichs zu dem vielleicht überraschendsten Ergebnis: Moderne Kunst wollte totalitär sein, blieb aber elitär; moderne Werbung wäre gerne elitär, ist aber totalitär.

Totalitär ist sie sogar über den Einzugsbereich ihrer eigenen Bilder hinaus, denn sie greift auf ihr Umfeld über und verändert die sie umgebenden redaktionellen Felder der Hochglanzmagazine, Radiossender und TV-Kanäle. Das äußert sich zum Beispiel darin, wie die Trägermedien in unterschiedlicher Konsequenz ihr redaktionelles Programm auf die umworbenen 14- bis 49jährigen abstimmen, die als harter Kern der Konsumgesellschaft gelten und damit die gerade mal 35 Jahre repräsentieren, in denen das Leben offenbar besonders lebenswert ist.

Der Übergriff der Werbung auf ihr Umfeld hat drastische ästhetische Folgen, etwa im Fernsehprogramm mancher Privatsender, wenn Filme in der Länge beschnitten oder gedehnt werden, je nachdem wieviel Werbung in die angekündigte Sendezeit hineingepackt werden muß. Oder in Fernsehserien, deren Dramaturgie gleich auf die Werbeintervalle abgestimmt ist. MTV galt seit seiner Entstehung ohnehin als Sieg der Werbeclip-Ästhetik über den Film, aber das waren noch vergleichsweise idyllische Zeiten (mit teilweise hervorragenden Musikvideos), während die Branche inzwischen vorführen zu wollen scheint, wie albern selbst Sexualität inszeniert werden kann, wenn man ihre wackelige Körpersprache zum Dauerthema macht.

Auch in anderen Medien strahlt die hektische Unernsthaftigkeit der Werbung auf ihr Umfeld ab: Das Geblödel mancher Radiosender läßt die Torheiten ihrer Moderatoren von denen der allfälligen Werbeeinblendungen kaum noch unterscheiden: Werbung durchsetzt ihre Medien; sie ist die in jeder Hinsicht dominante kulturelle Produktion der Moderne und lauert wie im Standardwitz hinter jeder Medienecke, um die Keule der Besinnungslosigkeit auf den wehrlosen Passanten niedersausen zu lassen, dem danach alle Katzen einfach nur noch bunt vorkommen sollen.

Wird nun auch die Kunst von der Unernsthaftigkeit der Werbung erfaßt? Schon mit der Pop Art ist das vielen Betrachtern so erschienen, die am Pathos des Abstrakten Expressionismus geschult waren. Außerdem ist es nicht mehr zu leugnen, welche herausragende Rolle das in der Werbung verdiente Geld inzwischen bei den Konjunkturen des Kunstmarktes spielt. Schon die „Jungen Wilden", die Anfang der achtziger Jahre den Markt zeitweilig dominierten, lieferten eine passende Instant-Kunst für das Werbemilieu: Schmissig, flapsig und durchtrieben waren sie die ideale Einstiegsdroge für ambitionierte Aufsteiger. Mit der sogenannten Saatchi-Sammlung hat sich inzwischen eine gut funktionierende Symbiose aus Agenturkapital, Kunstproduktion, Präsentation und Vermarktung etabliert, in der sich Werbung und Kunst in der gemeinsamen Herstellung von *Sensations* treffen, wie die letzte Ausstellungskampagne der Saatchi Collection ebenso doppelsinnig wie zutreffend hieß. Angesichts einer solchen Allianz nimmt sich selbst der geniale Markentechniker Kandinsky wie ein provinzieller Heimarbeiter aus.

In den letzten Jahren wurde die Gefahr eines Übergriffs der Werbung auf die Kunst eher am Beispiel des Sponsoring problematisiert, aber auch dessen Prinzipien sind dabei, sich zu ändern. Bisher schien es möglich, zwischen den Logos des Sponsors und den Werken der Kunst räumlich wie semiotisch einen gewissen Abstand zu legen und auf die Trennung der Bilder und Zeichen zu achten. Neuerdings scheint es dagegen darauf anzukommen, daß sich die Images überblenden: Bald könnten nicht mehr die Kunstwerke für die Markenwerbung instrumentalisiert werden, sondern umgekehrt die Markenmythen für die Kunst.

Das ist jedenfalls die Richtung, in die sich das New Yorker Guggenheim Museum mit seiner Motorrad-Ausstellung und nun mit der Präsentation von Giorgio Armani bewegt. Markentempel wie die von Nike oder Reebok und monumentale Inszenierungen wie die Wolfsburger VW-„Autostadt" bekräftigen den Trend zur Dominanz der Konsummarken in der kulturellen Aufmerksamkeit. Womöglich wird das beginnende Jahrhundert das eines Triumphs der Markenmythen über die der Kunst sein, die sich dann sekundär im Umfeld der Konsummarken positioniert, wie Gerhard Merz und Ingo Günther jetzt schon im Wolfsburger „KonzernForum".

Museale und künstlerische Präsentationsformen werden dort für die Inszenierung von Marken adaptiert, die nicht mehr albern, sondern als Mythen auftreten und somit am Pathos der Kunst teilhaben wollen. Seit fünf Jahren hat sich das Werbeklima merklich verändert: 1995 erschienen die Bücher „Kultmarketing" von Bolz und Bosshart sowie „Markenkult" von Horx und Wippermann und markierten den Übergang von der Albernheit zur Arbeit am Mythos – dafür ist Kunst unentbehrlich.[13] Haben bislang die Werber versucht, sich bei der Kunst unterzustellen, so werden sich die Künstler vielleicht in Zukunft in Markenparks wie der Autostadt unterstellen. Werbung wird nie Kunst sein, aber Kunst kann Werbung werden.

Werden sich auch die Kunstmuseen in Zukunft an prominente Konsummarken anhängen müssen, um zu überleben? Die einst elitären Häuser, in denen die Werber kaum je ausgestellt, sondern nur am Dienstboteneingang begrüßt wurden, müssen ja inzwischen für sich selber werben, um den Besucherumsatz zu erwirtschaften, den die öffentliche Hand von ihnen erwartet, oder um sich selbst zu finanzieren.

Nun stelle man sich vor, der Markeneigner der lila Kuh, die Firma *Kraft Jacobs Suchard* (die sich seit kurzem *Kraft Foods* nennt), träte als Sponsor einer Ausstellung über den „Blauen Reiter" auf: Das müßte doch die schlimmsten Befürchtungen illustrieren, die Kritiker gegen die Kulturfinanzierung durch die Wirtschaft hegen; es wäre eine Art Super-Gau des Sponsoring, wenn die spirituelle Kraft des „Blauen Reiters" durch die kommerzielle Kuh dementiert würde. Solche Befürchtungen wären nicht abwegig, denn ohne Zweifel ist die lila Kuh in der Bevölkerung ungleich prominenter als der „Blaue Reiter", und so könnte die Kunstfigur leicht in ihren Medienschatten geraten. Aber wenn die Kunst im Schatten einer Markenfigur nicht mehr als solche erkennbar wäre, wäre sie vielleicht auch ihre kulturelle Wertschätzung nicht mehr wert; da soll man auch nicht an ihr herumzärteln. Werbung und Sponsorenauftritte mögen grell sein, Kunst muß auch dagegen ihre Gattungsidentität behaupten können, oder diese bestünde nur noch in Weltfremdheit (die ja auch durchaus ihre Konjunkturen hat, aber eben nur in besseren Verhältnissen).

Freilich fragt es sich, ob die Firma *Jacobs* nicht schon, ohne es zu wissen, ein früher Förderer des Blauen Reiter gewesen ist. Denn in einem Brief, den Kandinsky in den dreißiger Jahren an Paul Westheim schickte, hat er die Inspirationslage bei der Imagefindung folgendermaßen zusammengefaßt: „Den Namen ‚Der Blaue Reiter' erfanden wir am Kaffeetisch in der Gartenlaube in Sindelsdorf; beide liebten wir Blau, Marc – Pferde, ich – Reiter. So kam der Name von selbst. Und der märchenhafte Kaffee von Frau Maria Marc mundete uns noch besser". Das klingt wie gut erfunden, aber der Kaffee steht tatsächlich in Kandinskys Text (und auch die Gartenlaube!). Stand also *Jacobs*-Kaffee womöglich Pate bei dieser wunderbaren Idee einer überaus erfolgreichen Markenfigur der Kunst? Um diese Frage zu klären, wird es noch weiterer Forschung bedürfen.

Verteidigung des Sofabildes

Kunst im privaten Raum

Die moderne Kunst hat in ihrer Geschichte scheinbar jedes Tabu ge-
brochen, aber eines ist ihr geblieben, das niemand freiwillig anspricht:
Es handelt sich um eine Gattung, die man öffentlich lächerlich macht,
aber heimlich genießt, und zwar um das Sofabild. Der Platz über dem
Sofa gilt ja so ziemlich als der peinlichste, an dem ein Bild überhaupt
landen kann, doch wird er unverdrossen genutzt: Eine Statistik der
Orte, an denen Privaträume Bilder aufweisen, würde die Wand über
dem Sofa an die erste Stelle zu setzen haben, vor dem Treppenhaus,
dem Garderobenflur oder der Telefonecke.

Könnte man aktuelle Statistiken mit historischen vergleichen,
würde der Abstieg anderer häuslicher Landeplätze ins Auge fallen:
Das vormals prominente Eßzimmerbild ist mit dem Raum verschwunden, dem es seinen Namen verdankte, und auch das Schlaf-
zimmerbild, einst unfehlbar über der Mitte des Ehebettes plaziert,
ist mit Mann und Maus untergegangen, die freilich selten auf ihm
zu sehen waren, eher schon abgeklärte Madonnen oder aufmun-
ternde Zigeunerinnen – Öldrucke zumeist, die eine sensible Kunstwissenschaft die längste Zeit ihres Bestehens wahrzunehmen ver-
mied, bis eine skrupellose Allianz von Pop Art und Volkskunde
sie dazu nötigte.[1]

Als Statthalter des häuslichen Umgangs mit Kunstwerken trägt
das Sofabild heute die ganze Last des Ressentiments, auch wenn es
schon lange kein Öldruck mehr ist. Sein schlechter Ruf ist vielmehr
gattungsunabhängig: Gleichgültig, ob es sich um Gemälde oder
Zeichnungen handelt, um moderne oder traditionelle, gute oder
schlechte, abstrakte oder figurative, um Druckgrafiken oder Fotografien – sie über dem Sofa aufzuhängen nimmt ihnen genau das
Ansehen, das sie auf einer Museumswand, in einer Kunstmarkt-
koje, ja selbst in einem Büro noch spielend erwirtschaften.

Über dem familiären Sitzmöbel sehen sie nämlich so aus, als
seien sie speziell für die kulturelle Auspolsterung der Freizeit
produziert. Die Frage, die der marxistische Kunsthistoriker Max
Raphael 1930 gestellt hat, „Wie will ein Kunstwerk gesehen sein?",
würde man daher spontan mit dem Ausruf beantworten: „Nicht
über einem Sofa!".

Kein Kunstwerk hat einen so schlechten Ruf wie das Sofabild, aber es kann jedes Kunstwerk erwischen. Denn der Platz über dem Sofa hat eine bemerkenswerte Integrationsfähigkeit, die Julius Meier-Graefe schon 1913 mit der Vorhersage beklagte, die Zeit sei nicht mehr fern, „wo jeder Droschkenkutscher seinen Kubisten oder Futuristen über dem Sofa hängen hat".[2]

Zwar ist die prophezeite Übernahme der modernen Kunst durch das Proletariat schon an der Preisentwicklung gescheitert, aber den Ort ihrer Neutralisierung hat Meier-Graefe genau lokalisiert. Denn eine kleine und teure dadaistische Collage paßt hier genauso gut hin wie ein preiswerter und großflächiger Junger Wilder; beide nehmen sich dann so zahm aus, daß der Hausvater unter ihnen seinem Mittagsschlaf unangefochten obliegen kann. Breitpratzig hingehauenes Informel wirkt hier plötzlich wie als Tiger gesprungen und als Bettvorleger gelandet; provokante Werke können unversehens geschmäcklerisch erscheinen, obwohl sie in Katalogtexten als umstürzlerisch gepriesen wurden: Die Wand über dem Sofa ist der Lackmustest der künstlerischen Subversion, und, siehe da, nichts ist so subversiv wie die Sofawand.

Darin ist sie der Museumswand ebenbürtig, aber eher wie ein kleinbürgerliches Mauerblümchen, das von seiner in den Adel verheirateten Schwester nicht mehr zur Kenntnis genommen wird: Museum und Sofawand besitzen eine Integrationsfähigkeit, über die sich die Künstler der Moderne gerne hinweggetäuscht haben. Die Musealisierung der radikalen Moderne setzte, wie man inzwischen weiß, erstaunlich früh ein, und damit ist die beliebte Legende weggebrochen, derzufolge die heroischen Künstler lange gegen die Unkenntnis von Museumsdirektoren und Kustoden anmalen mußten – so lange war das nun auch wieder nicht.[3]

Wie die Museumswand war auch die über dem Sofa Schauplatz einer Domestikation der Moderne, die freilich wenig untersucht und deren Beginn daher schwieriger zu datieren ist. Dagegen weiß man ziemlich genau, wann sich die häusliche Symbiose zwischen Sofa und Bild anbahnte: Sie begann lange vor der Klassischen Moderne, und zwar in einer Periode, die am wenigsten geeignet war, dem wohnlichen Paar das Ansehen der Nachwelt zu sichern, nämlich im Biedermeier.

In den frühen Jahrzehnten des 19. Jahrhunderts entwickelte die bürgerliche Wohnkultur ihre bis heute wirksamen Konturen, und darauf war das Biedermeier bekanntlich so stolz, daß es in zahllosen Interieurbildern darüber Auskunft gab. In diesen Bildern sind über dem Sofa häufig Bilder zu sehen, manchmal großformatige Ölbilder, manchmal eine Armada kleiner Stiche, die das Sofa so umrahmen, daß man sie nicht sehen konnte, wenn man sich darauf setzte – eine erstaunliche kulturelle Vorsichtsmaßnahme. Wie ein fernes Echo hallen die Vorbilder fürstlicher Galerien auf diesen Bilderwänden nach; Naturszenen und Portraits rahmen das wohnliche Zentrum der guten Stube, als wollten hier die Ahnen ebenso verehrt werden wie die in jenen Jahren fleißig romantisierte Landschaft.

Manchmal hingen hier die Aquarelle der Hausfrau, meist handelte es sich aber wohl um Drucke, weil sie billiger waren als Gemälde, vor allem aber, weil es flächendeckende Systeme gab, sie unters Volk zu bringen. Zu ihnen gehörten Bilderläden ebenso wie Jahrmarktshändler; die Holzstiche Ludwig Richters wurden von den gleichen Verlegern vertrieben wie die Bilderbögen Wilhelm Buschs. Regelrechte Bilderfabriken spezialisierten sich schließlich auf neue Drucktechniken für die Massenproduktion.

Vor allem trugen wohl die Kunstvereine zur Flutung der Haushalte bei. Sie verlosten alljährlich Ölgemälde, deren Attraktivität so groß war, daß solche Vereine in ihren Hochzeiten bis zu zehntausend Mitglieder in nur einer Stadt haben konnten. Für diese Verlosungen standen freilich nur wenige Gemälde zur Verfügung, so daß man die zahlreichen Mitglieder, die leer ausgingen, mit kostenlosen Drucken und Stichen nach berühmten Vorbildern entschädigen mußte. Diese Trostpreise wurden als *Nietenblätter* bezeichnet und sind ein Prototyp des bürgerlichen Sofabildes – da braucht man sich über dessen schlechten Ruf nicht zu wundern.

Wenn man ahnt, wie das Sofabild zu seinem schlechten Ruf gekommen ist, bleibt freilich die Frage, ob es ihn nach wie vor verdient. Die Antwort lautet: Nein. Denn es kann einem Kunstwerk eigentlich nichts besseres widerfahren, als über einem Sofa zu landen. Nirgendwo sonst kann es so viele Blicke einsammeln wie an diesem offiziell geächteten Platz. Mag ein Bild im Museum auch weitaus mehr Ansehen genießen, so sind es doch meist nur die einmaligen Musterungen von Neulingen, die in den Sammlungen blättern wie in den Illustrierten eines Wartezimmers. In der Kunst zählen aber, wenn man denn ihre allgemeine Hochschätzung einmal für repräsentativ hält, nicht die vielen Wanderkontakte der Neugier, sondern die wiederkehrenden Blicke von Vertrauten, womit nicht nur die Kenner gemeint sind, sondern auch die Wiederholungstäter des Wohnalltags: Nur ihnen gehören die Bilder.

Was erlebt man denn schon, zum Beispiel, vor einem Gemälde Mark Rothkos in einer Museumsausstellung, selbst wenn man die lärmenden Schulkinder abzieht und das Gedrängel der erwachsenen Sensationskundschaft oder sogar wiederholt hingeht? Man sieht es unter immergleichen Lichtverhältnissen, also wie unter Aspik, in einer vom Museum vorgeprägten Stimmung, die sich wie ein visuelles Mikroklima über die Bilder legt. Dagegen weiß der Besitzer eines Sofabildes, wie wechselnde Stimmungen und Lichtverhältnisse die Bilder verändern können; daß sie altern wie man selber; meistens schneller, manchmal langsamer; und einen Fixpunkt der Aufmerksamkeit stiften, der die anderen Ausrüstungsgegenstände des Privatlebens überstrahlt.

Während man im Museum den Eindruck gewinnt, die Farben eines Bildes seien für alle Ewigkeit definiert, löst sich diese Täuschung aus gefiltertem und künstlichem Licht im täglichen Umgang in eine Vielfalt von Valeurs auf, die im wechselnden Licht der Tages- und Jahreszeiten zurückstrahlen. Gilt Sigmar Polke als der Erfinder des Gemäldes, dessen Farben sich mutwillig verändern, so macht der Sofabildbesitzer die umgekehrte Erfahrung, daß sich die Farben nämlich auch dann verändern, wenn sie sich gleich bleiben.

Im Gegensatz zu der standardisierten Stimmung, die sich beim Museumsbesuch einzustellen pflegt, schaffen auch die Launen des Alltags einen Resonanzraum, in dem dasselbe Sofabild sehr unterschiedlich klingen kann. Bilder, an die man sich anfangs nur schwer gewöhnt, die man vielleicht sogar in jener typischen Enttäuschung für einen Fehlkauf hält, die dem Bezahlen zu folgen pflegt, können an der Wand mit der Zeit eine erstaunliche Präsenz entwickeln. Umgekehrt kann man das plötzliche und irreparable Verlöschen von Favoriten erleben, deren Haltbarkeitsgarantie man sich nach dem Erwerb völlig sicher war. Diese erleiden dann einen Verlust der Faszination, wie ihn jedes Kind erfährt, das seinen Lieblingspudding ein entscheidendes Mal zu oft ißt. Man hat ein Bild eigentlich nicht gesehen, wenn man es nicht im Kontrast solcher Veränderungen erlebt.

Solche Erfahrungen ermöglicht das Sofabild natürlich nur, wenn es auch angeschaut wird, was, wie man nicht genau weiß, aber irgendwie ahnt, eher die Ausnahme sein dürfte. Denn an einem festen Platz wird jedes Bild unsichtbar, was man mit Erstaunen verbucht, wenn man es bei einer Wohnungsrenovierung von der Wand nimmt. Plötzlich sieht man es wieder wie neu und fragt sich, ob es nicht doch einen größeren Rahmen gebraucht hätte oder an einer anderen Wand besser zur Geltung gekommen wäre. Die wachsende Unsichtbarkeit an der Wand fixierter Bilder belegt nicht nur, daß auch hier die Gewohnheit der Feind der Zuwendung ist, sondern auch die ästhetische Sonderstellung des Sofabildes.

Es ist nämlich ein Zwitter: Halb Kunst, halb Möbel, Flachware der Inneneinrichtung, in die es sich so geschmackvoll einfügen kann, daß es zum beiläufigen Attribut wird, zur visuellen Barmusik. Mit farbig abgestimmten Sofakissen und angemessenem Rahmen geht es leicht in jener gediegenen Symbiose unter, der bis vor wenigen Jahrzehnten noch die Zeitschrift „Die Kunst und das schöne Heim" zuarbeitete. Die Mentalität, die sich in diesem Titel artikulierte, ist mit der Einstellung der Zeitschrift nicht verschwunden und keineswegs auf Deutschland beschränkt. Noch Andy Warhol hat sich scheinheilig gewundert, „wieviele Leute sich ein Bild mit dem elektrischen Stuhl ins Zimmer hängen – vor allem, wenn die Farbe des Bildes mit den Vorhängen übereinstimmt".[4]

Als elegantes Möbel kann das Sofabild an eine Wahrnehmungsschwelle rücken, die schließlich nicht mehr überschritten wird, zumal wenn es nicht nur über dem Sofa hängt, sondern sogar dorthin paßt. Es ist dann nur noch Dekoration, möchte man sagen, aber damit ginge man nur einem weiteren Ressentiment auf den Leim. Denn die Dekorativität eines Bildes gilt nur jener Tradition der Moderne als Schwäche, welche die Kunst als Provokation definieren will und auf die Störung von Sehgewohnheiten verpflichtet ist. Sie ist freilich bis heute die angesehenste Kunstlehre geblieben: Provokation, Radikalität und Verweigerung bilden den ideologischen *mainstream* der modernen Kunst. Der Erfolg dieser Strategien hat an ihrem subversiven Selbstverständnis nichts geändert, weil man ihn sich durch die besondere Heimtücke bürgerlicher Vereinnahmungsstrategien erklären konnte.

Es ist aber eine typische Paradoxie der modernen Kunst, daß jede Formzerstörung eine eigene Gefälligkeit entwickelt, und das nicht erst in der Rezeption, sondern bereits bei der Variation im Werk ihres Urhebers. Eine Kunst, die sich diese unbeabsichtigte, allerdings unvermeidliche Dekorativität nie eingestehen mochte, mußte die beabsichtigte natürlich ächten und ist dabei auf überraschend wenig Widerspruch gestoßen.

Wenn man sich fragt, warum die Stigmatisierung des Dekorativen durch die moderne Ästhetik so überaus erfolgreich gewesen ist, trifft man zunächst auf den Widerspruch, daß sie nur als Theorem erfolgreich war, aber nicht in der Praxis. Die ist durch einen hohen Ausstoß dekorativer Werke gekennzeichnet, die sich freilich für den Ansehenswettbewerb der Moderne disqualifizieren: Das Dekorative ist ein Diminutiv für jene Schönheit geworden, die man an der alten Kunst bewundert, sich in der Moderne aber nicht mehr erlauben zu können glaubte.

Warum die Moderne die Schönheit tabuisiert hat, das ist ein weites Feld und ein kaum beackertes dazu. Jedenfalls hatte diese Tendenz vor allem für das Ansehen der Malerei gravierende Folgen, die am ehesten im Ruf des Dekorativen steht – wenn nicht durch ihre Mittel, dann immer noch durch ihre private Präsenz, vor allem eben als Sofabild: „Wenn es Aufmerksamkeit beansprucht, ist es Kultur, wenn es zur Couch paßt, ist es Kunst", so hat es der amerikanische Künstler Robert Williams ironisch auf den Punktstrahler gebracht.[5]

Erst als Ende der siebziger Jahre das amerikanische *Pattern Painting* kurzfristig auch in Europa propagiert wurde, fand sich ein angesehener Ausstellungsmacher wie Harald Szeemann – immerhin der Regisseur der provokanten *documenta 5* von 1972 – dazu bereit, einmal die „Würde des Dekorativen" zu verteidigen.[6] Der Anlaß mag, im Nachhinein besehen, die prominente Fürsprache nicht verdient haben, das Thema aber allemal: Die unheroische – und gerade deswegen schon wieder heroische – Tradition der Moderne, der die dekorative Qualität eines Kunstwerkes willkommen war, kann sich nämlich auf niemand geringeren als Henri Matisse berufen, der von einem Bild verlangte, es solle wie ein „guter Lehnstuhl" sein, womit er beinahe genau die beiden Einrichtungsgegenstände verknüpfte, um die es hier geht.[7]

Matisse gehörte zu einer Generation der modernen Kunst, die ihren Widerstand gegen die akademischen Schinken des 19. Jahrhunderts auch in Formaten signalisierte, die auf die Privaträume ihrer bürgerlichen Sammler Rücksicht nahmen. Späterhin orientierte sich aber auch die moderne Kunst wieder an den großflächigen Museumswänden, mit denen ihre ästhetischen Übertreibungen auch in solche der Architektur übersetzt wurden. Für den Wohnraum blieb dann nur noch die Druckgrafik der Museumsmatadoren, gleichsam als Privatausgabe der Moderne, oder die Gemälde jener Zeitgenossen, die sich ein Gespür dafür erhalten hatten, daß der Anspruch eines Kunstwerkes sich nur im Notfall durch schiere Größe artikuliert.

Das Museumsformat, die *king-size* Version der Kunst, die ein karrierebewußter Kurator im Atelier als *museum-size* bestellt, hat zwar den Spielraum der Künstler erweitert, aber nicht alle haben diese Vergrößerung auch rechtfertigen können. Für das Sofabild war diese Entwicklung allerdings fatal, denn nun erschien es allein schon durch sein Format marginalisiert. Aber was will man machen, über dem Sofa kann man eben nur aufhängen, was auch hinpaßt.

Am meisten leidet das Sofabild natürlich unter dem schlechten Ruf des namensstiftenden Möbelstücks, den selbst ein variantenreiches Design nicht zu ändern vermochte. Gleichgültig, ob es von der extravaganten Eileen Gray oder dem soliden Karl-Friedrich Möller entworfen wurde, ein Flohmarktschnäppchen ist oder eine teure Antiquität – das Sofa ist das problematischste Einrichtungsstück des Wohnzimmers; schon 1979 hat ihm Martin Warnke, in seinem Essay „Zur Situation der Couchecke", die kulturhistorischen Leviten gelesen.[8]

Der schlechte Ruf des Sofas hat womöglich noch mit der Zeit zu tun, in der es in den Mittelpunkt des Familienlebens rückte, dem Biedermeier. In jenen Jahren war das Wohnzimmer der historische Wartesaal, in dem das deutsche Bürgertum unter dem Spitzelsystem Metternichs seine demokratische Unmündigkeit aussaß; das Sofa war die Sitzmulde einer politischen Duldungsstarre, mit der es sich vor der Revolution drückte, welche die anderen großen Kulturnationen, England und Frankreich, schon hinter sich gebracht hatten.

Seit diesen Jahren hat das Sofa freilich verschiedene Mutationen durchgemacht. Heute ordnet es sich nicht mehr, wie im Biedermeier, der familiären Binnenkommunikation unter, sondern dem bewegten Bild, dem Fernsehapparat. Als sprichwörtliches Pantoffelkino teilt der freilich das schlechte Ansehen des benachbarten Bildes: Wie das Sofabild neben den musealen Breitwandformaten nur noch als Kleinkunst erscheinen konnte, betrachtet man im Fernsehapparat die Kinofilme als geschrumpfte Wiedergänger. Ihre Formatminderung kann man wohl mit Recht als Zerstörung bezeichnen, als Miniatur-Vandalismus, von dem sich die Konsumenten kaum noch Rechenschaft ablegen.

Im Abgleich zu diesem cinéastischen Sündenfall möchte man das Sofabild daher ein weiteres Mal in Schutz nehmen, freilich nur so lange, wie es seinerseits nicht den gleichen Formatschwindel betreibt. Denn nur als Druckgrafik oder Original verdient das Sofabild eine Rehabilitierung, nicht, wenn es seinerseits die verkleinerte Reproduktion eines Kunstwerkes ist, also ein Kunstdruck. Denn in der Verkleinerung der Museumsformate auf Zimmergröße überführt der Kunstdruck in Beliebigkeit, was für den Künstler Angelegenheit einer genauen handwerklichen Reflexion ist, denn schon mit der Wahl des Formates beginnt die künstlerische Bildproduktion.

In der Reproduktion verliert sich überdies die *Faktur*, die Machart, also genau dasjenige an der Malerei, was ihren Charakter ausmacht. Mit der Verkleinerung seines Formates und der Ausblendung der Faktur wird jedes reproduzierte Gemälde auf sein Motiv reduziert – eine spezifisch moderne Art der Kitschproduktion, der van Goghs Boote am Strand genauso zum Opfer gefallen sind wie die Pferdchen Franz Marcs oder Monets Mohnblumenfeld – um nur drei Nachkriegs-Favoriten zu nennen. Nach all der Euphorie, die sich auf Walter Benjamins berühmten Aufsatz *Das Kunstwerk im Zeitalter seiner technischen Reproduzierbarkeit* berief, wäre es also wohl an der Zeit, eine Kritik des Kunstdrucks nachzureichen. Sie hätte freilich zu konzedieren, daß noch die schwächste Reproduktion eines Kunstwerkes einen beträchtlichen Abglanz des Originals transportieren kann und große Gemälde eine Ausstrahlung besitzen, die in der medialen Verdünnung nicht völlig verloren geht.

Ohnehin liefe eine solche Kritik der Entwicklung hinterher, denn in manchen Milieus ist der gerahmte Kunstdruck über dem Sofa längst vom Poster abgelöst worden, das kein Original verfehlen kann, weil es von vornherein für die Reproduktion entworfen wurde. Aber das Poster stellt keinen ungetrübten Fortschritt der

Wohnungsbebilderung dar, denn es ist ein vom Rand her angefressenes Bild, weil ihm meist gleich beide Rahmen fehlen: Weder wird es durch einen weißen Rand in der Papierfläche hervorgehoben, noch wird ihm die Ehre eines veritablen Bilderrahmens zuteil (dessen Preis seinen Wert freilich auch um ein Vielfaches übersteigen müßte). Diese Rücksichtslosigkeit, die an den Rändern bald auch im Wortsinne einreißt, weist ihm eine noch mindere Bedeutung zu als dem Sofabild, denn es wird darüber zum Wegwerfartikel.

Gleichwohl steht es den populären Propagandisten der Neuen Medien schlecht zu Gesicht, wenn sie den Bedeutungsverlust, den Malerei und Grafik durch den Triumph des Posters erleiden mußten, nun zu Gunsten der Medienkunst ausspielen wollen, denn auch diese landet schließlich im Bermudadreieck der Sofaecke: Wo, wenn nicht hier, schaut sich der Sammler von Künstlervideos oder Kultclips denn seine Schätze an? Als Schauplatz des Bildkonsums wird die Sofaecke, deren Aufrüstung zum computergesteuerten Multimediazentrum absehbar ist, also auch die Medienrevolution überleben.

Aber was wird aus dem Sofabild? Noch geht es ihm gut. Der kulturvandalistische Unfug über das Verschwinden des stehenden Bildes, den die Medienfraktion so gerne verbreitet, könnte in manchen Fällen schon durch unangemeldete Hausbesuche widerlegt werden: Selbst wenn auch nur ein Poster über dem Sofa hinge, hätte man diese Angeber dabei erwischt, dem stehenden Bild auch im Zeitalter der elektronisch bewegten Bilder seinen angestammten Platz einzuräumen.

Die Nutzung der Sofawand als soziologisches Beweismaterial wäre übrigens keine Zweckentfremdung. Denn das Sofabild ist, wie heute die Computerausrüstung oder früher die Stereoanlage, die Visitenkarte eines gebildeten Haushalts. Als solche wird es für die Binnendifferenzierung der kulturellen Milieus noch lange unentbehrlich sein: „Du glaubst ja nicht, was die überm Sofa hängen haben!" zählt schließlich zu den beliebtesten Kommentaren, mit denen man sich für private Einladungen bedankt, natürlich nicht bei den Gastgebern, sondern hinter deren Rücken.

Ähnlich impressionistisch ist auch die Forschungslage: Wie es bei den sprichwörtlichen Hempels unterm Sofa aussieht, das scheint jeder zu wissen, aber wie es über ihrem Sofa aussieht, das ist wenig dokumentiert. Hier hilft auch die ansonsten verdienstvolle Pionierarbeit nicht viel weiter, die Herlinde Koelbl und Manfred Sack 1980 mit ihrem Fotoband über *Das deutsche Wohnzimmer* vorgelegt haben. Auch unter den zahlreichen Vertretern der Kontextkunst, die im letzten Jahrzehnt praktisch jeden Quadratzentimeter der institutionellen Kunstvermittlung vermessen haben, ist keinem Künstler ein Sofabild in die Quere gekommen, allenfalls Louise Lawler, deren Fotografien freilich auch ein feines Gespür für die Kollisionen von Kunst und Alltag verraten.

Dagegen hat das Freiburger Museum für Neue Kunst 1994 den ortsansässigen Hempels einen besonderen Luxus gestattet: Bürger dieses Namens wurden eingeladen, für ein paar Wochen ihr Sofa ins Museum zu bringen und dort unter einem Bild ihrer Wahl aus der Museumssammlung zu exponieren.[9] Das war gleichsam die Umkehrung des Artothek-Gedankens, der ja auch manches zur Verbesserung in deutschen Wohnzimmern beigetragen haben dürfte, wenn auch nur leihweise.

Damit sind wir endlich bei der zentralen Frage angekommen: Was hängt denn eigentlich über Ihrem Sofa? Was immer es sein mag, vermutlich hängt es schon so lange dort, daß niemand mehr hinschaut. Manche Sofabilder haben vielleicht auch nichts besseres verdient, sind womöglich sogar zu diesem Zweck der Zwecklosigkeit gekauft worden. Andere könnten dagegen durchaus einen besseren Platz oder eine Ruhepause der Unsichtbarkeit vertragen, um wieder zu Kräften zu kommen, wenn sie nicht ganz einfach schon leergesehen sind. Daß Bilder lange halten und nicht von der Wand fallen, ist ja kein Grund zu glauben, daß sie die ganze Zeit auch als Bilder funktionieren. Vielmehr bedarf es der Störung, um wieder Bild zu werden, falls es überhaupt je eines war. Die Lebensdauer eines Bildes ist jedenfalls nicht mit seiner Wahrnehmungszeit kongruent.

Hat man einmal eingesehen, daß man die körperliche Bequemlichkeit, für die man das Sofa gekauft hat, nicht einfach geistig auf das darüber hängende Bild ausdehnen darf, beginnt eine fruchtbare Unruhe, nämlich die Suche nach einem Ausweg aus dem ästhetischen Trott, die auf ein neues Sofabild aus ist. Wer sich am Ausgang eines Kunstmarktes verabredet, dort aber warten muß, kann manche Besitzer neuer Sofabilder durch die Schleuse gehen sehen, die mit glücklicher Erschöpfung eine Lösung für das lange drängende Problem gefunden haben oder denen in irgendeiner Koje plötzlich klar geworden ist, daß sie ihr Sofabild nicht mehr sehen konnten oder sich damit nicht mehr sehen lassen wollten.

Das nächste Bild, das man kauft, ist aber nicht stets auch ein besseres – im Augenblick dieser Erkenntnis wird der Konsument zum Sammler. Fast jeder Kunstsammler hat mit Bildern begonnen, die er später geschmackssicher als Kitsch identifizierte. Selbst manche großen Sammler geben auf Nachfrage die generationsüblichen Einstiegskünstler preis, deren Namen hier aus kollegialen Rücksichten verschwiegen seien, aber auch, weil sie mich ebenfalls einmal interessiert haben.

Daraus sollte man nun nicht folgern, daß man beim Kauf besonders umsichtig sein müßte. Im Gegenteil, durch den Irrtum gelangt man erst zur Wahrheit. In der Kunst ist diese sehr persönlich, denn sie hat nichts mit der sozialen Verbindlichkeit der Erkenntnis zu tun, sondern mit dem individuellen Glück des Sehens, und das beginnt mit den eigenen Augen, nicht mit denen der anderen. Jeder Kunstkäufer hat daher ein Recht auf Irrtum, so lange er ihn für sich behält. Und so darf ich mich aus dieser Thematik mit den Worten verabschieden, mit denen Paul Valéry einst seine berühmte Kritik des Kunstmuseums beschloß: „weiter eindringen möchte ich nicht".[10]

Unberührbar und unverkäuflich

Der Museumsshop als Notausgang

In dem merkwürdigen Sozialsystem der Inder nehmen bekanntlich solche Menschen den untersten Rang ein, die als unberührbar gelten. In dem nicht minder merkwürdigen Kultursystem der Europäer ist es umgekehrt: Hier nehmen Dinge, die unberührbar sind, den höchsten Rang ein. Es sind Dinge, die man nicht den Gefahren irgendeiner Handhabung aussetzen möchte, weil an ihrem Überleben ein hohes Interesse besteht, sei es aus historischen Gründen oder aus künstlerischen oder aus beiden. Solche Dinge werden in eigenen Häusern, den Museen, aufbewahrt und mit Klimaanlagen, Diebstahlsicherungen, Vitrinen sowie Glasrahmen vor Staub und Raub, Feuchtigkeit und Verschleiß geschützt.

Diese Häuser erfreuen sich eines großen Zuspruchs bei vielen Besuchern, die in ihnen die unterschiedlichsten Erfahrungen machen können: Entweder bewundern sie die Schönheit und Kostbarkeit der dort versammelten Dinge, suchen Belehrung oder Ablenkung durch die Zeugnisse entlegener Kulturen, genießen den großzügigen Zuschnitt der Räume und ihren Schutz vor der Witterung, oder sie erfreuen sich einfach an der anschaulichen Gegenwart der Dinge, die im Zeitalter virtueller Präsenz das Museum auszeichnet.

Alle Besucher machen dabei – meist unbewußt – eine Erfahrung ganz besonderer Art, und zwar die des Unberührbaren und des Unverkäuflichen. Das Museum ist nämlich die einzige Institution unserer Gesellschaft, in der die Dinge sich dem Zugriff entziehen können, und zwar sowohl dem der Neugier wie dem des Erwerbs. Diese Unberührbarkeit der Dinge ist, in den Worten des Philosophen Karl Jaspers, eine „existentielle Grenzerfahrung" der Konsumgesellschaft, und als solche aus zwei Gründen schwer auszuhalten.

Erstens erträgt man es nur schwer, schöne Dinge sehen, aber nicht anfassen zu dürfen: Schon Johann Gottfried Herder hat in seiner Abhandlung über die Plastik die Vorherrschaft der Distanzsinnesorgane Auge und Ohr kritisiert und postuliert, daß Bildhauerei sich allein über den Tastsinn erschließen lasse. Hinzu kommt eine synästhetische Grundausstattung des Menschen, die ihn danach trachten läßt, Empfindungen der verschiedenen Sinnesorgane miteinander zu verknüpfen. Sie regiert unsere Träume, aber auch unsere unwillkürlichen Erinnerungen, die von einem unvermuteten Stimulus, einem bestimmten Geruch oder Geschmack, ausgelöst werden und dem Bewußtsein für einen kurzen Augenblick das Gesamterlebnis einer Erinnerung vorspiegeln, die sich aus allen Sinnen nährt. Romantische Philosophen und Schriftsteller, vor allem Novalis, haben diese Idee des Zusammenklangs unterschiedlicher Sinneserfahrungen aufgegriffen und propagiert; aus ihren Überlegungen nährte sich die Konzeption des Gesamtkunstwerks, wie Richard Wagner sie entwickelte.

Vor dem Hintergrund der Synästhesie kann man die Erfahrung des Unberührbaren, die das Museum organisiert, als Verbot präzisieren, Dinge, die über das Auge das haptische Empfinden animieren, auch anfassen zu dürfen. Denn das Museum ist kein Gesamtkunstwerk, selbst wenn seine oft reizvolle Verbindung aus Architektur und Objektpräsentation diesen Gedanken nahelegt; es ist kein Gesamtkunstwerk, sondern eine recht eindimensionale Angelegenheit, nämlich ausschließlich ein Haus des Auges. Gewiß kann man diese sinnliche Eindimensionalität des Museums lindern, etwa indem man Barockkonzerte in einschlägigen Ausstellungen veranstaltet oder – wie vor Jahren der französische Künstler Titus-Carmel – einen Raum mit dem Duft einer Landschaft von Caspar David Friedrich einrichtet. Aber solche Grenzüberschreitungen machen in der Ausnahme nur die Regel deutlich.

Freilich gibt es noch andere Augenhäuser, die in vieler Hinsicht Museen gleichen und diese in der Prachtentfaltung von Beleuchtung, Vitrinengestaltung, Objektpräsentation und Dingverzauberung sogar übertreffen können, nämlich Kaufhäuser und Läden. Im Kontrast zu diesen Augenhäusern des Konsums wird die zweite Unerträglichkeit des Museumsbesuchs erkennbar: Kann man im Kaufhaus, wie schon sein Name sagt, alles, was man sieht, auch erwerben, so muß man das Museum mit leeren Händen verlassen: Man hat weder etwas anfassen noch etwas mitnehmen dürfen.

Zu Beginn der Museumsgeschichte, so möchte man glauben, dürfte diese Erwerbsblockade noch nicht sonderlich ins Gewicht gefallen sein, denn damals lebte man noch nicht in einer Konsumgesellschaft. Doch legen zahlreiche literarische Zeugnisse den Schluß nahe, daß das museale Aneignungstabu die Besucher auch schon im 18. Jahrhundert beschäftigt hat. Womöglich war damals die Erfahrung des Kunstwerks im Museum schwer erträglich, weil sie auf den Moment begrenzt blieb, obwohl an der Kunst doch gerade ihre Dauer gepriesen wurde. Eine Gesellschaft, die das flüchtige Kulturerlebnis noch nicht in jener Fülle kannte, die uns heute aus jeder Zeitung, jedem Film und jedem Monitor anweht, fand nicht zufällig in der Kirche ein Äquivalent zum Museum, weil beide Institutionen terminierter Erlebnisse halber aufgesucht werden und den Scheidenden nur eine unsichtbare Erfahrung mit nach Hause nehmen lassen.

Jedenfalls nötigte die Ereignishaftigkeit der Kunstbegegnung viele Museumsbesucher des 18. Jahrhunderts zur Kompensation: Im literarischen Bericht, in der brieflichen Mitteilung, in Gedichten oder Tagebucheintragungen entschädigte man sich dafür, daß man aus einem bewegenden Erlebnis mit leeren Händen hervorgegangen war und nichts davon getragen hatte als eine geistige Erfahrung: So sind diese Notate zugleich Denkmäler für eine spirituelle Aneignung der Dinge, die im Zeitalter der materiellen Aneignung exotisch wirken muß.[1]

Die Unvollkommenheit der Kunstbegegnung im Museum hat nicht nur die literarische Nachbearbeitung, sondern auch die kriminelle Phantasie gereizt. Sie beruht auf einer Museumserfahrung, zu der sich ausgerechnet ein Philosoph, nämlich Nelson Goodman, bekannt hat: „Die einzige moralische Wirkung, die ein Museum auf mich ausübt, besteht in der Verlockung, den Ort zu plündern."[2] Der Kunstdiebstahl aus Museen gehört zweifellos zu den spektakulärsten kriminellen Ereignissen, erstens weil das Museum wie eine Bank gesichert ist und daher kriminelle Intelligenz und sportliche Dreistigkeit herausfordert, zweitens weil das Beutegut zu der Gruppe der angesehensten Objekte gehört, und drittens weil es dabei der öffentlichen Verfügbarkeit entzogen und wieder zu Privatbesitz zurückverwandelt wird.

Das hat neben der kriminellen bekanntlich auch die literarische Phantasie herausgefordert, die sich im Kriminalroman zusammenfanden. Wie der Kriminelle träumt auch der Krimiautor vom geglückten Museumsdiebstahl, und in der Tat ist mit dieser Idee schon mancher Kriminalroman (und, nicht zu vergessen, mancher Kriminalfilm) geglückt.[3] Die Faszination, die ein geglückter Museumsdiebstahl ausstrahlt, hat damit zu tun, daß hier, anders als beim banalen Bankraub, nicht nur ein juristischer, sondern auch ein kultureller Tabubruch stattfindet. Denn die Diebe sind nur selten auch die Endverbraucher, vielmehr findet anschließend ein Zwischenhandel, meist über einen Hehler, statt, der dem Vorgang eine weitere Ungeheuerlichkeit zukommen läßt, nämlich einen Verstoß gegen die pathetische Unkommerzialität des Museums: Zu jedem Museumsstück gehörte ja lange Zeit auch der Schwur, es nie mehr auf den Markt gelangen, also nie mehr zur Ware werden zu lassen. Der Diebstahl verwandelt aber die Kulturgüter, die das Museum dem Markt entzogen hatte, wieder in Waren zurück, die darüber ihren exterritorialen Status verlieren; darin liegt sein symbolischer Vandalismus.

Damit ist das Thema der Kriminalität noch nicht erschöpft, denn neben dem Raub gibt es noch eine weitere Kompensation für die Aneignungsblockade des Museums, eine, die nicht auf die materielle Aneignung setzt, sondern auf die Zerstörung. Damit meine ich nicht die spektakulären, meist von psychisch belasteten Einzelgängern durchgeführten Anschläge auf beliebte Meisterwerke, wie Peter Moritz Pickshaus sie untersucht hat.[4] Vielmehr geht es um die kleinen, beiläufigen, allgegenwärtigen Beschädigungen von Museumsstücken, die Kratz- und Schleifspuren und Graffiti, die mit Fingernägeln oder kleinen spitzen Gegenständen den Bildern und Skulpturen *en passant* beigebracht werden – ein Phänomen, das nicht den Weg in die Schlagzeilen findet, aber Museumsleitern nur allzu geläufig ist. Hält diese museale Kleinkriminalität sich für die Erwerbsblockade und das Berührungstabu schadlos oder läßt sie einen Bildungsneid erkennen, der das Scheitern eines geistigen Aneignungsversuches dokumentiert, ohne es benennen zu können?

Für den „normalen" Zeitgenossen, der weder plündern noch beschädigen will, bedeutet die Unverfügbarkeit des Museumsguts immerhin, daß er mit zwei seiner wichtigsten Impulse ins Leere läuft. Das ist eine beträchtliche Irritation, zumal, wenn man die Häufigkeit und Bedeutung von Berührungsritualen bedenkt, von denen Religionsgeschichte und Anthropologie berichten. Das mittelalterliche Reliquienwesen etwa organisierte sich bekanntlich um Berührungsrituale, die den Kontakt mit einem kostbar gefaßten Objekt zum Höhepunkt aufwendiger Pilgerfahrten werden ließen. Bis heute sind bestimmte Steine oder Plastiken an Kirchen oder Palästen den Passanten eine so stetige Aufforderung zur Berührung, daß sie davon ganz blank werden.

Auch banale Erfahrungen bestätigen die Neigung zum Anfassen: Wer häufiger in Hotels übernachtet, ertappt sich irgendwann bei der beiläufigen Initial-Berührung verschiedener Gegenstände der vorübergehenden Umgebung, ohne deren Lage wirklich verändern zu wollen. Wie ein Hund das Gras niedertritt, in dem er übernachten will, macht man sich auf diese Weise mit der ungewohnten Wohnung vertraut. Auch im Kaufhaus dürften weitaus mehr Gegenstände angefaßt als dann tatsächlich gekauft werden, und die Kaufabsicht erscheint oft wie eine vorgetäuschte Lizenz, in dieser überreizten Umgebung einem unverbindlichen Berührungsimpuls nachgeben zu können.

Solche unbewußten Berührungsrituale sind für den heutigen Menschen freilich weniger typisch als das überwiegende Anfaßmotiv des Erwerbsimpulses: Er ist eine lebenszeitlich früh und dann ausdauernd antrainierte Grundausstattung der modernen Seele; mit der Werbung werden anthropologisch tiefsitzende Impulse der Existenzsicherung und des Prestigeerwerbs ständig aktiviert, ästhetisch überhöht und auf beiläufige Dinge ausgedehnt.

Was wird nun aus einem so hochtrainierten Erwerbsimpuls beim Museumsbesuch, gerät er in einen psychischen Stau? Die meisten Besucher werden sich das nicht so freimütig eingestehen, wie es Goodman getan hat, aber auch ihnen muß ein solcher Stau Unbehagen verschaffen. Gegen diese Verkrampfung haben die Museen in der Nachkriegszeit ein Mittel erfunden, das nicht nur der Entspannung der vom doppelten Zugriffstabu gequälten Besucher dient, sondern auch die Museumskassen aufzufüllen hilft, den sogenannten Museumsshop.

Sein Erfolgszug ist offenbar nicht mehr aufzuhalten. In beinahe jeder Sparte des Museumswesens hat er sich eingenistet und spezialisierte Warenangebote hervorgebracht. Dabei ist es sicher kein Zufall, daß zu den ersten – und nach wie vor beliebtesten – Gütern dieser weltweit prosperierenden Kulturfolgerbranche gerade Imitate historischer Schmuckstücke gehören. Mit ihnen erwirbt man ein Kulturgut, das sich aus dieser Enklave des Unberührbaren und Unverkäuflichen unkomplizierter und näher ans Leben zurückführen läßt als jedes andere Museumsstück.

Die Geschichte des Museumsshops ist noch nicht geschrieben und seine Theorie erst in den Anfängen, aber immerhin steht er schon vor seiner ersten Reform: Auf eine Initiative der Kunstmesse *art Frankfurt* und des Bertelsmann Verlages hin haben Designer und Künstler Objekte für Museumsshops entworfen, die Ulrich Giersch mit Bazon Brock jurierte, worüber letzterer 1996 im Magazin der *Frankfurter Allgemeinen* berichtete.[5]

Diese Reformation wäre nicht nötig gewesen, wenn das Sortiment der Museumsshops seine Kundschaft zufriedengestellt hätte. Es hemmt aber, nach Brocks Diagnose, in der Regel den „kulturellen Auftrag der Museen, ästhetisch zu erziehen und historisch zu bilden", denn die Angebotspalette leidet darunter, daß sie mit „kunstgewerblichem Schnickschnack und flacher Schmunzelware bestückt" ist. Das kann man – mit markanten Ausnahmen – nur bestätigen, denn viele Museumsshops sind Variationen eines anderen Typus des Kaufladens, der sich in den siebziger Jahren entwickkelt hat und nicht weniger sonderbar ist, nämlich des Geschenkeladens.

Daß man Dinge eigens dafür herstellt, verschenkt zu werden, ist an sich schon bemerkenswert; das Erscheinungsbild solcher Geschenkartikel legt zudem häufig den Eindruck nahe, niemand rechne ernsthaft damit, daß sie nach diesem sozialen Akt noch irgendeine Funktion haben könnten oder überhaupt weitere Beachtung fänden. Sofern der Museumsshop nur ein dem Museum einverleibter Geschenkeladen ist, hat er Teil an dieser Problematik: Die zahllosen Tagebücher, Adreßbücher, Notizbücher etwa, mit denen schon sogenannte Dritte-Welt-Läden einen in diesem Umfang kaum vorhandenen Bedarf zu stillen vorgaben, werden nicht nützlicher oder sinnvoller, wenn sie, statt mit chinesischen Buchstaben, mit Bildmotiven van Goghs versehen sind.

Soll es in den sechziger Jahren an Weihnachten zu regelrechten Familienkrisen gekommen sein, weil Hausväter es leid waren, jedes Jahr mit Socken und Krawatten abgespeist zu werden, so fragt man sich, warum viele der ansonsten renitenten Halbwüchsigen die Tanten und Onkel ungeschoren davonkommen lassen, die zum Geburtstag mit dem zweiundzwanzigsten Adreßbuch aufkreuzen. Es gibt vielleicht kein gedankenloseres Geschenk als dieses, und die Museumsshops leisten dieser Gedankenlosigkeit massenhaft Vorschub, wenn sie solche Artikel oberflächlich auf Kunst trimmen, dabei aber oft nicht einmal mehr auf Werke, die sie auch tatsächlich zeigen. Brocks Forderung nach einer Verbesserung des Warenangebotes wäre daher selbst dann schon zuzustimmen, wenn man nicht an den spezifischen kulturellen Auftrag des Museums denkt, sondern allein schon an eine gewisse Warenkultur.

Darin liegt, wie man an den besseren Museumsshops studieren kann, überhaupt ihre Erfolgschance, während manche Durchschnittsläden mittlerweile in wohlverdiente Absatzkrisen geraten sind.[6] So hat es das Louisiana Museum bei Kopenhagen zu einem denkwürdigen Triumph gebracht: Sein Museumsshop ist so ambitioniert und zugleich populär, daß er dorthin zurückkehren konnte, wo seine Gründungsidee herkommt, nämlich ins Kaufhaus. Wer in der Fußgängerstraße Kopenhagens das große Warenhaus *Illums* besucht, findet dort den Museumsshop des Louisiana als eine eigene Kaufhaus-Abteilung vor. Dabei handelt es sich um eine – wie man heute sagt – Dekontextualisierung, die irritierend wäre, wenn sie nicht zugleich das Erfolgsgeheimnis dieses spezifischen Museumsshops verriete: Ein guter Museumsshop zeichnet sich eben nicht nur durch seinen Ort aus – auch wenn man an diesem arglose Kulturtouristen besonders gut bei ihrer Souvenirseligkeit packen und abkassieren kann –, sondern durch ein intelligentes Warenprofil.

Aber verträgt sich denn unsere Warenkultur überhaupt mit dem institutionellen Gedanken des Museums? Als notorischer Besucher von Museumsshops bin ich in dieser Frage vielleicht befangen, erinnere mich aber noch gut, wie Rudi Fuchs 1982, im Vorfeld der von ihm geleiteten *documenta 7*, in einem heute schon selten gewordenen Purismus gegen diese unerhörte Kommerzialisierung des Museums zu Felde zog. Er schilderte ein Museum, das er, wenn ich mich recht entsinne, kurz zuvor in England besucht hatte: Man betrat es durch die Propyläen einer Werbezone, in der neben Veranstaltungsplakaten die Logos der Sponsoren prangten, und gelangte durch den Museumsshop in eine Verköstigungszone, die als öffentliches Restaurant betrieben wurde. Erst danach kam man in die Museumsräume, in denen es spürbar leerer, wenn auch nicht leiser wurde, weil der Lärm der Spaßzone, das Geklapper des Geschirrs und das Geplapper der Gäste die Sammlungsräume durchflutete.

Mit zugleich protestantischer Strenge und katholischer Bilderfreude verurteilte Fuchs diesen Ansehensschaden der Kunst, die –

nicht nur – seiner Meinung nach Konzentration, Stille und Distanz benötigt, um ihre spezifische Leistung, nämlich eine Differenz zum Alltag, spürbar werden zu lassen. Man fühlte sich an die neutestamentarische Vertreibung der Händler aus dem Tempel erinnert, als Fuchs die Idee des Musealen gegen ihre kommerziellen Trittbrettfahrer verteidigte – eine Haltung, die er selbst übrigens nicht durchhalten konnte, denn das Museum, dem er heute vorsteht, hat einen florierenden Museumsshop.

Was Fuchs vor Jahren als Ausnahme anprangerte, scheint inzwischen der Normalfall geworden zu sein. Nach einer Analyse zweier großer Kulturinstitute der USA, des *National Endowment for the Arts* und des *Committee on the Arts and Humanities* darf man sich über die Motivlage von Museumsbesuchern keine großen Illusionen machen. Verena Lueken hat in der *Frankfurter Allgemeinen* die Schlüsse, die man aus den Untersuchungen ziehen muß, so zusammengefaßt: „In den Museen, so wird vermutet, treiben sich viele Besucher herum, die allein vom Trend, den relativ niedrigen Eintrittspreisen, der geringen Schwellenangst und der um die Museumsshops herrschende Mall-Atmosphäre angezogen werden. Einen Blick auf Bilder oder Skulpturen werfen sie kaum."[7]

Man versteht daher, warum Fuchs einst gegen die Aufdringlichkeiten der Konsumgesellschaft zu Felde zog, aber schon die Voraussetzung seiner Argumentation war falsch: Das Museum war nie ein vom Rest der Gesellschaft abgetrenntes Reservat, in dem die externen Spielregeln außer Kraft gesetzt worden wären. Die Sozialgeschichte des Museums zeigt vielmehr, daß es immer schon – und nicht erst in der Konsumgesellschaft – ein Kind seiner Zeit und auch ein Knecht ihrer Herren gewesen ist. Leidenschaftslos betrachtet und historisch auf den Punkt gebracht, kann man daraus also nur das Fazit ziehen, daß die Museen heute eine kulturelle Exterritorialität nicht mehr simulieren, die schon vorher nur Fiktion war.

Sicherlich wäre es leicht, im Siegeszug des Museumsshops, schon seines Namens wegen, ein weiteres Element der hierzulande gern beargwöhnten Amerikanisierung zu erblicken, und in der Tat dürften nicht nur die ältesten, sondern auch die besten dieser *shops* in den Metropolen der USA zu finden sein, wo sie über Einkaufsgemeinschaften und Mustermessen organisiert sind, die sich inzwischen auch in Europa etablieren.[8] Das Lob betrifft weniger das

Warenangebot, das reichhaltiger und interessanter, aber noch unspezifischer sein kann als hierzulande, sondern vor allem ihr Zusammenspiel mit der Museumssammlung.

Besuchern des Metropolitan Museums in New York zum Beispiel kann nicht entgehen, in welch genialem Rhythmus die Sammlung und die über das Haus verteilten Kaufläden aufeinander abgestimmt sind, so daß der Rundgang durch die unberührbaren und unbezahlbaren Schätze des Hauses mit sicherem Gespür für *timing* immer wieder durchbrochen wird von glücklichen Inseln des Konsums. Es muß ein genaues psychologisches Kalkül in dieser Raumplanung stecken, die dem Besucher nur eine bestimmte Anzahl von Museumsräumen zumutet, bis er wieder in eine Passage käuflicher und berührbarer Dinge gerät, um aufzuatmen, zu verweilen und Kräfte zu sammeln für die bevorstehenden Konfrontationen mit dem Unberührbaren.

Die kurzweilige Durchmischung der Museumsräume mit Kaufläden trägt vermutlich auch dem Sachverhalt Rechnung, daß konsumkonditionierte Nordamerikaner in Museen noch weniger Frustrationstoleranz entwickeln als Europäer und deswegen häufiger in die Nähe käuflicher Dinge geführt werden müssen. Schon Kurt Vonnegut hat die spezifische Nähe der nordamerikanischen Konsumkultur zu Läden dieses Typus boshaft kommentiert, als er die Mutter von Billy Pilgrim, des Helden des Romans *Schlachthof 5*, mit den Worten charakterisierte: „Wie so viele Amerikaner versuchte sie, ein sinnvolles Leben aus Dingen aufzubauen, die sie in Geschenkläden fand."[9]

Was das *timing* angeht, so kenne ich keine Untersuchung über die Verweildauer von Museumsbesuchern in Museumsshops, halte es aber, durch langjährige teilnehmende Beobachtung abgesichert, für erwiesen, daß sie in diesem Museumsraum überdurchschnittlich lange verweilen und sich mit den dort käuflichen Dingen intensiver befassen als mit jenen der Sammlung. Bewegen sie sich durch die Sammlung mit der hektischen Aufmerksamkeit, mit der sie sich sonst durch die Fernsehkanäle zappen, so vermögen sie angesichts der versammelten Waren ihre Konzentration zumindest für die Dauer einer Kaufentscheidung zu halten. Dabei stehen sie so betont unauffällig herum wie aus einem Wintertag hereingeschneite Stadtstreicher, die sich in einem Kaufhaus aufwärmen.

Könnte es nicht sein, daß wir inzwischen unser Interesse für die musealen Prunkstücke nur noch simulieren, unsere Euphorie im Eilschritt herunterheucheln, um uns vom Fluch ihrer geballten Schönheit zu befreien und zurückzukehren, wie aus einer schlimmen Entbehrung, in die Wonnen der Gewöhnlichkeit, für die wir eigentlich gemacht sind? Die Kunst genießt zweifellos immer noch ein hohes Ansehen, aber deswegen nicht mehr auch noch ein langes: Studiert man das Tempo, mit dem die meisten Besucher durch Museen eilen, liegt jedenfalls der Verdacht nahe, daß sie nur hineingegangen sind, um schleunigst wieder herauszukommen. Der Bewegungsdrang der Besucher scheint direkt proportional zur Größe des Museums zu wachsen und – historisch gesehen – auch mit der Verbreitung der Institution. Die Einführung eines Tempolimits in Museen würde jedenfalls mehr Besucher abschrecken als die Erhöhung der Eintrittspreise.

Dabei ist das Museum im Prinzip ein gebautes Tempolimit. Nicht nur mit seinem Berührungs- und Aneignungstabu ist es eine Ausnahmeerscheinung, sondern auch in seiner Herausforderung zur Zeitlosigkeit, mit der seine heutigen Zeitgenossen freilich genauso wenig anzufangen wissen wie mit den erwähnten Aneignungsblockaden. Man darf daher den Verdacht haben, daß sie die Museen aus den gleichen Gründen besuchen, aus denen man in eine Geisterbahn geht, nur daß man sich nicht vor Gespenstern, Geräuschen oder Getier gruseln will, sondern vor Unberührbarem und Unverkäuflichem, vor der Schönheit des Erhabenen und ihrer herrischen Forderung nach Zeit.

Wie Moses erleichtert gewesen sein muß, als er nach der Begegnung mit Gott im brennenden Dornbusch seinem Volk nicht mit leeren Händen gegenübertreten mußte, weiß sich der Museumsbesucher dann auf seinem Heimweg gegen die verstörende Erinnerung an die Begegnung mit dem Autonomen gefeit: Trägt er auch keine Gesetzestafeln nach Hause, so wenigstens ein leeres Adreßbuch. So liegt der Museumsshop letztlich wie eine therapeutische Einrichtung am Ende des Museumsbesuchs, als Notausgang. Im Kitzel der drängenden Kaufentscheidung erlaubt er die Zeitumstellung der inneren Uhr auf das normale Leben, entschädigt für die Erfahrung des Unberührbaren, annulliert die des Unverkäuflichen und erlaubt es, mehr mitzunehmen als eine rein geistige Erfahrung, die man möglicherweise auch gar nicht gemacht hat.

Konfektionierte Existenz

Der Bildhauer Duane Hanson

In manchen Kunst- und Wunderkammern der Spätrenaissance und des Barocks traf man auf lebensgroße Wachsfiguren in exotischen Bekleidungen. Als Jäger oder Krieger standen sie in Waffen, präsentierten als Eskimos ihre Überlebensausstattung oder lagerten als Orientalen oder Chinesen auf dem Boden. Bis in die Schaufenster der Kolonialwarenläden setzten sich diese Personifikationen fort, und natürlich in den Kolonialmuseen, wo lebensgroße Puppen die Kulturen gleichsam persönlich vertraten, die ansonsten nur mit ihren Gebrauchsgegenständen präsent waren.

Eine andere Museumstradition operierte ebenfalls mit lebensgroßen Puppen, deren gemeinsamen Nenner jedoch nicht die exotische Herkunft, sondern die historische Prominenz ausmachte: Im Museum Fridericianum in Kassel, zum Beispiel, waren die Landgrafen von Hessen „sehr schön in Wachs poussiert" ausgestellt; später sind sie eingeschmolzen worden, und nur ihre Uniformen blieben ausgestellt. In Wachsfigurenkabinetten wie dem der Madame Tussaut lebt diese Tradition der Abformung von prominenten Personen bis heute fort.

In solchen Traditionen steht das Werk des New Yorker Bildhauers Duane Hanson, nur verkehrte er sie in ihr Gegenteil: Seine Aufmerksamkeit wurde nicht von pittoresken Exoten, sondern von den Repräsentanten seiner eigenen Zivilisation angezogen; seine Protagonisten sind nicht prominent, sondern auf manchmal geradezu peinliche Weise gewöhnlich. Er fand sie in Flughäfen und Supermärkten, in Fitness-Studios und Putzkolonnen, auf Parkbänken und Bürgersteigen, und verfolgte sie bis in die häusliche Intimität, ja bis in eine sich unbeobachtet wähnende Schlampigkeit.

Sein lebensgroßes Puppentheater der nordamerikanischen Zivilisation liefert – zu kleinen, aber beredten Szenen verdichtet – das Gegenstück zu den Identifikationsfiguren der Werbeanzeigen und TV-Serien. Im scheinbar wahllos herausgegriffenen Beispiel illustrieren sie, wie bunt gemischt die Zielgruppen solcher Medienillusionen sind.

Dabei mutet sein Personal auf den ersten Blick überhaupt nicht künstlich an. Im Gegenteil: Hansons beinahe lebensechte Figuren

Supermarket Shopper, 1970

können die Besucher zeitgenössischer Sammlungen dadurch ver-
wirren, daß sie sich auf der Kippe der Wahrscheinlichkeit unter die
Museumstouristen mischen, von denen mancher unversehens selber erstarrt und ungläubig die Fingerprobe macht. Man kann Hanson leicht unterschätzen, weil sein Werk den unter Intellektuellen
wenig geschätzten Hautgout einer echten Publikumsattraktion
besitzt. Aber dem Künstler ging es um mehr als nur um dieses

Housewife, 1970

dreidimensionale *trompe-l'oeil*, das er gleichwohl aufwendig perfektionierte.

Der Blick dafür, wie Hanson seinen Figuren ihre Habe zuordnet, läßt vielmehr einen barocken Emblematiker mit soziologischem Tiefgang erkennen: Er fixiert seine Individuen in ihrer Warenkultur und definiert sie maßgeblich über die von ihnen benutzten Dinge; Kleidung, Ausrüstung, Konsumartikel und Arbeitsgerät sind wie

155

beiläufig mit den üblichen Markenzeichen versehen und damit als Waren lesbar; im sparsamen Zitat erscheinen die Zeichen wie Stigmatisierungen einer konfektionierten Existenz. In dieser Sehweise läuft sich der fröhliche Voyeurismus der Augentäuschung schließlich ebenso leer wie die Bewunderung für die handwerkliche Perfektion, an der sich die unausrottbare Gewißheit laben darf, Kunst komme von Können und Können von Nachahmen.

Die Kunstfertigkeit gibt es in Hansons Werk gleichsam gratis, damit sich überhaupt Wahrnehmungsbereitschaft einstellt für das Panorama eines sonderbar gewöhnlichen und präzis charakterisierten Personals. Es sind überwiegend Menschen, die sich im Konsumspiel bewegen; als Verkäufer oder Käufer; beim Beladen des Supermarktwagens oder beim Heimtragen der Beute; beim Verzehr oder inmitten aufgebrauchter Behälter und aufgerauchter Zigaretten. Selbst die Touristen erscheinen als Konsumenten der Sensationen, die sie gerade anstarren – auf dem Bauch die Kamera baumelnd wie ein zu Linsenglas geronnener Passantenblick.

Auch wenn sie sich außerhalb des Konsumspiels bewegen, bleiben Hansons Figuren (bis auf wenige Ausnahmen) davon gezeichnet; das durchgängige Thema des Œuvres von Hanson ist der Mensch als Endverbraucher. Das ist eine zeitgemäße Variante jenes künstlerischen Verfahrens, das schon die Kaufmannsbildnisse der Renaissance oder die Kleinbürgerportraits des Biedermeier mit Konsumgütern anreicherte, freilich mit einem ganz anderen Inventar. Hanson geht aber dort einen Schritt weiter, wo er seine Figuren so mit ihren Konsumgütern verschweißt, daß Person und Marktmilieu ineinander übergehen: Sie nehmen sich aus wie wahllos herausgegriffene Beispiele einer massenhaften Reproduktion von Existenz, einer sozialen Standardisierung, in die sie sich eingekleidet haben wie in einem existentiellen Konfektionsgeschäft, als habe lange vor der Genmanipulation schon die durch den Konsum ausgereicht, um Existenzen zu klonen.

Mit seinem pointierten Kulturtheater hat Hanson bewiesen, daß Kunst auch dann noch ein Bild der Gesellschaft entwerfen kann, wenn diese dafür nur noch wenig Interesse bezeugt, weil sie mit den Konsummythen ihrer Werbeanzeigen und Seifenopern Vorlieb nimmt. Einer Gesellschaft, die ihre Selbstwahrnehmung in der Werbung sowie den durch die Werbung finanzierten Medien torpediert, muß ihr eigener Alltag zwangsläufig exotisch erschei-

Traveller, 1988

nen – in dieser Differenz hat Hanson seine Figuren wie ethnografische Trophäen angesiedelt.

Sie wirken auf Dauer um so eindrucksvoller, je weniger dramatisch sie daherkommen. Am eindrucksvollsten ist vielleicht, wie sich in der Werkentwicklung die reportagehaften Effekte zu Gunsten einer beinahe indifferenten Sehweise verloren haben. Standen Unfalltote, Kriegsszenen, Mordopfer und die Brutalität effektvoll inszenierter Rassenkonflikte am Beginn des Œuvres, so verlor sich die pointierte Inszenierung zu Gunsten einer kalkulierten Isolation der Figuren: Hansons Geschick bestand darin, plausible Typen so unauffällig von ihresgleichen zu isolieren, daß ihnen der Boden der Normalität unter den Füssen weggezogen wurde. So wirken sie wie Exponate eines kulturhistorischen Museums, ausgewählt von einem Zeitreisenden, der weiß, wie sehr sich Vor- und Nachwelt gerade über die unauffälligen Vertreter der Norma-

Self-Portrait with Model, 1979

Bowery Derelicts, 1969

lität wundern würden, über ihre Baumwollhemden und Brillen, ihre Shorts und Röcke, ihre Kameras und Plastiktüten, ihre Schminke und Frisuren. Sie sind in der Kunst eingeschlossen wie die Fliege im Bernstein, haltbare Sozialparaden für eine künftige Archäologie, die nicht dem Glamour der Medien auf den Leim gehen, sondern den Alltag freilegen will.

Auch dem zeitgenössischen Betrachter können die scheinbar vertrauten und lebensechten Figuren fremd erscheinen, doch hält

er sie dann leicht für Karikaturen. Das geschieht um so leichter, wenn sie in Europa ausgestellt werden, wo sie gleichsam einen anderen Zungenschlag haben. Was in den USA als Schock einer unerwarteten Selbstwahrnehmung zünden mag, wirkt hierzulande von vornherein exotisch: Hawaiihemden und Mustermix, Korpulenz und Geschmacklosigkeit verbucht das Vorurteil zu schnell als typisch amerikanisch, um die Feinheiten der Charakterisierung mitzubekommen. Aber diese Figuren sind nicht als komische Bestätigung von Vorurteilen gedacht: Man arbeitet nicht, wie Hanson, so intensiv an seinen Plastiken, daß manchmal nur zwei pro Jahr fertig wurden, um sich über ihre Vorbilder lustig zu machen.

Daher hat man die völlig unspektakulären Figuren genauso ernst zu nehmen wie die effektvolle Supermarket-Lady, und dort, wo Hanson zu übertreiben scheint, ist vielleicht nur eine frühe Charakterisierung jener Konsumverlierer zu erkennen, die sich heute mit beispielloser Selbstverachtung als *white trash* bezeichnen. Für ihre Darstellung bedurfte es keines Karikaturisten, sondern eines visuellen Soziologen: In der Sparsamkeit seines Werkes erscheint Hanson wie ein wählerischer Fotograf, der von zahllosen Aufnahmen nur drei bis vier pro Jahr auch abzieht und veröffentlicht.

In der Charakterisierung einer Gesellschaft über ihre Figuren stellte Hanson eine optische Sensibilität unter Beweis, die in der Tat an die besten Vertreter der Dokumentarfotografie heranreicht, die ja auch ohne ein kontrolliertes Mitgefühl nicht entstehen kann. Wenn Indifferenz und Leerlauf des modernen Alltags ihren Ausdruck finden können, dann in den Gesichtern seiner Figuren: Sie sind in einer beiläufigen Handlung erstarrt, die plötzlich für eine ganze Existenz steht, für ein verpaßtes oder auch nur verschlamptes Leben. Fast schuldbewußt schauen sie dann ins Leere, als habe man sie dabei ertappt, wie sie sich eine Biografie erschwindeln und eine Individualität anmaßen wollten. Zur Strafe kommen sie ins Museum, wo sie die Massen von Besuchern zu ertragen haben, die an ihren Kleidern herumzupfen und Augenbrauen auf ihre Echtheit prüfen, ohne den Verdacht zu schöpfen, selber vielleicht auch nur Identitätsschwindler zu sein.

Als Hanson 1991 kurz hintereinander seine Retrospektive in den Kunsthallen in Tübingen und Köln einrichtete, konnte man die Wirkung seiner Arbeit in zwei Extremen studieren: In der kleinteiligen Tübinger Kunsthalle besaßen die Figuren eigene Resonanzräume, deren Intimität ihr emblematisches Potential steigerte und dem Massenandrang standhalten ließ. In der Kölner Kunsthalle, die zu Recht so heißt, waren sie dagegen einem Laufsteg ausgesetzt, auf dem das Publikum an ihnen vorbei defilierte wie an einer Nummernrevue. Es war verblüffend, wie ungeschützt und drastisch, ja beinahe populistisch und skrupellos Hanson dem Kölner Publikum sein Panoptikum preisgab, das er dem Tübinger Publikum zu intimen Kollisionen portioniert hatte. Aber in dieser

Diskrepanz wurde das Werk Hansons erst richtig sichtbar, dessen Rezeption sich bis dahin im Rahmen des üblichen Spielraums pittoresker Irritation bewegt hatte.

Man schätzt Hanson vielleicht richtig ein, wenn man in ihm zugleich den populistischen Regisseur eines Panoptikums wie den peniblen und um Distanz bemühten Völkerkundler sieht: Ein Arrangement zeigt ein kleines Mädchen, das auf einem Teppich ein Puzzle mit der politischen Landkarte der USA legt, ein farbenfrohes Spiel mit didaktischer Bedeutung. Wie das spielende Kind sein Puzzle zusammensetzt, baute Hanson das aufwendige Panorama einer Zivilisation auf. Das Kinderspiel erinnert an die Bedeutung, welche die Kunst für die Kartografierung der Welt besessen hat, läßt aber auch beiläufig Kriterien der Repräsentativität und Vollständigkeit anklingen, an denen auch Hanson seine Figuren zu messen hatte.

Kann man ihn überschätzen? Im Kontext der Pop Art, in dem er wahrgenommen und selber kartografiert worden ist, steht er mit seinen Figuren – rund hundert Werke aus 25 Jahren – heute recht gut da. Neben den gefälligen Tautologien Andy Warhols oder Claes Oldenburgs, neben Roy Lichtensteins schal gewordener Ironie und Tom Wesselmanns Herrenwitzen für Softies strahlt Hansons Werk bis heute einen für die Pop Art ungewöhnlichen Ernst aus. Während Mel Ramos mit dem Sex der Konsumwerbung kongenial kokettiert, scheinen Hansons Figuren die Einlösbarkeit solcher modernen Erlösungsversprechen prinzipiell in Frage zu stellen.

Nur wenige Künstler haben die Konsumwirklichkeit der Moderne so rigoros untersucht wie Hanson; andere Künstler der Pop-Art, die genau das zu tun vorgaben, haben dabei oft genug nur deren Mythen verdoppelt. So waren es eher die Inventare, die Christian Boltanski oder Nikolaus Lang in ihren Frühwerken angelegt haben, in denen greifbar wurde, wie man sich unter Konsumgütern existentiell einrichtet, wie sie eine Person auch dann noch charakterisieren, wenn diese schon gar nicht mehr existiert.

Fehltritte sind rar in Hansons Œuvre. Er entging nicht immer der Gefahr, das symptomatisch Triviale in Kitsch entgleisen zu lassen. Ein Beagle in seinem Körbchen zeigt, wie wenig auf das Tier übertragbar war, was den Menschen sichtbar macht. Auch fordert die Gratwanderung des *trompe-l'oeil* ihren Preis: Wo die aufwendige und eindrucksvolle Imitation von Hautfarbe und Gesichts-

Young Shopper, 1973

oberfläche nicht völlig überzeugt, stürzt die Mimik ins Gipserne ab – hier können schon winzige Unstimmigkeiten den Mißton angeben. Aber vielleicht ist es ein Vorteil, daß nicht alle Figuren handwerklich so perfekt sind, wie sie es vielleicht hatten werden sollen: So verspielen sie ihren Täuschungseffekt zu Gunsten ihres Charakters als Studienobjekt.

Ohnehin ergibt sich mit den Jahren eine Diskrepanz zwischen den manchmal irritierend lebendig wirkenden Figuren und dem Altern der Dinge, mit denen Hanson sie ausrüstete: Die Zeitungen, Bücher, Schachteln, Zigarettenkippen und Textilien altern rasch und meist ohne Patina und dementieren darüber die Lebendigkeit ihrer fiktiven Besitzer. Schon nach wenigen Jahren öffnet sich eine Zeitschere zwischen den vergammelnden Objekten und den unverrottbaren Figuren aus Kunststoff oder bemalter Bronze. So ist die Anekdote plausibel, daß einmal beim Auspacken der „Bowery Derelicts" auf einer Wanderausstellung der beigegebene Müll, in dem die Stadtstreicher zu liegen haben, auch als Müll weggeworfen wurde.

Auch aus anderen Gründen können die Figuren ihre Lebendigkeit verlieren, etwa wenn sie in ungeschickten Posen erstarren: Ein chinesischer Student, der sein Demonstrationsplakat auf dem Tien-An-Men-Platz hat sinken lassen und niedergeschlagen auf dem Boden sitzt, ist von buchstäblich weit hergeholtem Pathos und wirkt wie eine gewollte Reprise der politischen Dramatik des Frühwerks. Hier konkurriert Hanson mit den Massenmedien, die diese Figur erst lesbar gemacht haben, und verliert dabei. Andererseits: Gerade hatte man den Polizisten, der auf einen bereits am Boden liegenden Schwarzen einprügelt, als bürgerrechtliche Devotionalie beargwöhnt, da gaben die Medien den Videofilm aus Los Angeles durch, in dem mehrere Polizisten auf den bereits am Boden liegenden Rodney King brutal einschlagen.

So steht man vor manchen von Hansons Figuren wie vor diskreten Denkmälern, die niemand je öffentlich errichten wird. Sie führen vor, was der Sozialistische Realismus hätte sein können; selbst darin war also der Kapitalismus überlegen. Inmitten eines überhitzten Kunstmarktes, der schon Vierzigjährige ausgebrannt in peinliche Alterswerke entläßt, war noch der Pensionär Hanson von bemerkenswerter Vitalität. Er zeigte, daß man auch unter dem Diktat des Marktes ein respektables Lebenswerk erarbeiten kann.

Mit einem Selbstportrait als Handwerker hat er sich unauffällig und selbstbewußt unter seine Figuren gemischt, am gleichen Tisch sitzend wie sein Modell und wie dieses eine unauffällige Alltagserscheinung; eine Cola-Flasche in der Hand, gleichsam als Infektionsquelle des Konsumismus. Da sitzt er selber im Kostüm und im Bühnenbild der Zeit, in jener Symbiose mit der Konsumausstattung, die nur Staffage zu sein scheint, aber plötzlich zu erkennen gibt, daß sie mehr als die Hälfte des Lebens ausmacht.

IV. Anmerkungen

Für zahlreiche Hinweise, Aufmunterung und kritische Lektüre danke ich Wolfgang Ullrich (München). Den Untertitel des Buches stiftete Kurt Scheel (Berlin).

Markentreffen in Schwerte

Der erste Teil wurde in der „Zeit" vom 7. November 1997 veröffentlicht und in dem von Volker Albus und Michael Kriegeskorte herausgegebenen Buch „Kauf mich! Prominente als Message und Markenartikel" (Köln 1999) nachgedruckt; der zweite Teil geht auf einen Vortrag zurück, der im September 1996 auf der Jahrestagung des Deutschen Instituts für Herrenmoden, Köln, gehalten wurde.

1 Walter Grasskamp: Werbemutanten. In: Kunst und Geld. Szenen einer Mischehe, München 1998, S. 76–85
2 Diedrich Diederichsen: Zeichen statt Materie. Wird sich der künftige Konsum von den materiellen Gütern auf zeichenhafte, auf Immaterielles verlagern? In: Lucius Burckhardt (Hrsg.): Design der Zukunft, Köln 1987, S. 109–123
3 Thorstein Veblen: Theorie der feinen Leute. Eine ökonomische Untersuchung der Institutionen (1899), Köln/Berlin 1958
4 Ted Polhemus: Streetstyle. From Sidewalk to Catwalk, London 1994
5 Heiko Ernst: Psychotrends. Das Ich im 21. Jahrhundert, München 1996
6 Kurt Pritzkoleit: Das gebändigte Chaos. Die deutschen Wirtschaftslandschaften, Wien/München/Basel 1965, zit. nach Capital 4. Jg., Nr. 8, August 1965, S. 64
7 Wolfgang Fritz Haug: Kritik der Warenästhetik, Frankfurt/Main 1971; Wolfgang Schivelbusch: Das Paradies, der Geschmack und die Vernunft. Eine Geschichte der Genußmittel, München/Wien 1980; ders.: Lichtblikke. Zur Geschicht der künstlichen Helligkeit, München/Wien 1983; Christoph Asendorf: Batterien der Lebenskraft. Zur Geschichte der Dinge und ihrer Wahrnehmung im 19. Jahrhundert, Gießen 1984; Wolfgang Ruppert (Hrsg.): Chiffren des Alltags. Erkundungen zur Geschichte der industriellen Massenkultur, Marburg 1993; ders. (Hrsg.): Fahrrad, Auto, Fernsehschrank. Zur Kulturgeschichte der Alltagsdinge, Frankfurt/Main 1993; Ulf Poschart: Anpassen, Hamburg 1998. Eine aktuelle Bibliographie überwiegend deutschsprachiger Literatur findet sich in Gerhard Klein: Magic Moments. Ethnographische Gänge in die Konsumwelt, Frankfurt/ Main 1999; eine Bibliographie der angelsächsischen Literatur in Grant McCracken: Cultur and Consumption. New Approaches to the Symbolic Character of Consumer Goods and Activities, Bloomington/Indianapolis 1990.
8 Walter Grasskamp: Das Verschwinden der Hüte. In: Irene Adelmann (Hrsg.): Art Hats, Wiesbaden 1984
9 Paul Fussell: Cashmere, Cocktail, Cadillac. Ein Wegweiser durch das amerikanische Statussystem (1983), Göttingen 1997; Jean Baudrillard: Das System der Dinge. Über unser Verhältnis zu den alltäglichen Gegenständen (1968), Frankfurt/Main 1991

10 Christian Kracht: Faserland, 1995; Joachim Bessing: Tristesse Royale. Das popkulturelle Quintett, Berlin 1999; Florian Illies: Generation Golf. Eine Inspektion, Berlin 2000

Die Ware Erlösung

Erstveröffentlichung in: „Merkur. Deutsche Zeitschrift für europäisches Denken", 50. Jg., Heft 2, Februar 1996, S. 138–146.

Literatur
Boris Groys: Der Wille zur totalen Produktion. Über die Verachtung des Konsums und ihre Motive. In: FAZ, Beilage Bilder und Zeiten, 16. Mai 1992
Rainer Gruenter: Vom Elend des Schönen. Studien zur Literatur und Kunst. Hrsg. von Heinke Wunderlich, München 1988
Werner Hofmann: Das irdische Paradies. Motive und Ideen des 19. Jahrhunderts, München 1960
Joris-Karl Huysmans: Gegen den Strich (1884), Zürich 1981
Vittorio Magnago Lampugnani: Die Modernität des Dauerhaften. Essays zu Stadt, Architektur und Design, Berlin 1995
Hugh McCracken: Culture and Consumption. New Approaches to the Symbolic Character of Consumer Goods and Activities, Bloomington/Indianapolis 1990
Pier Paolo Pasolini: Freibeuterschriften. Die Zerstörung des Einzelnen durch die Konsumgesellschaft, Berlin 1978
Wolfgang Schmidbauer: Homo consumens, Stuttgart 1972

Das Entgegenkommen der Dinge

Unveröffentlicht.

1   „Spur-Historie", zit. nach Dieter Kunzelmann: Leisten Sie keinen Widerstand. Bilder aus meinem Leben, Berlin 1998, S. 23
2   MEW Bd. 13, S. 16; Bd. 23, S. 74
3   Georg Lukács: Geschichte und Klassenbewußtsein (1923); Günther Anders: Die Antiquiertheit des Menschen, München 1956; Alfred Sohn-Rethel: Warenform und Denkform (1936), Frankfurt/Main 1978; ders.: Geistige und körperliche Arbeit (1970), rev. und erg. Neuaufl. Weinheim 1989
4   Wolfgang Pohrt: Theorie des Gebrauchswerts oder über die Vergänglichkeit der historischen Voraussetzungen, unter denen allein das Kapital Gebrauchswert setzt, Frankfurt/Main 1976, S. 16, in der 2. erweiterten Auflage des Buches (Berlin 1995) S. 54
5   Ebd., S. 11 f., 2. Aufl. S. 50; Pier Paolo Pasolini: Freibeuterschriften. Die Zerstörung der Kultur des Einzelnen durch die Konsumgesellschaft (1975), Berlin 1978
6   Hans-Jürgen Krahl: Konstitution und Klassenkampf. Zur historischen Dialektik von bürgerlicher Emanzipation und proletarischer Revolution, Frankfurt/Main 1971; Wolfgang Fritz Haug: Kritik der Warenästhetik, Frankfurt/Main 1971; zur realsozialistischen Konsumkultur siehe jetzt: Ina

Merkel: Utopie und Bedürfnis. Die Geschichte der Konsumkultur in der DDR, Köln/Weimar/Wien 1999

7 Wilhelm Mannhardt: Wald- und Feldkulte, 2 Bde. Berlin 1904/05
8 Georges Bataille: Die Aufhebung der Ökonomie, München 1975
9 Thorstein Veblen: Theorie der feinen Leute. Eine ökonomische Untersuchung der Institutionen (1899), Köln/Berlin 1958
10 Wolfgang Ruppert (Hrsg.): Fahrrad, Auto, Fernsehschrank. Zur Kulturgeschichte der Alltagsdinge, Frankfurt/Main 1993; ders. (Hrsg.): Chiffren des Alltags. Erkundungen zur Geschichte der industriellen Massenkultur, Marburg 1993
11 Boris Groys: Der Wille zur totalen Produktion. Über die Verachtung des Konsums und ihre Motive. In: FAZ, Beilage Bilder und Zeiten, 16. Mai 1992
12 Krzysztof Pomian: Der Ursprung des Museums. Vom Sammeln, Berlin 1988
13 Georg Friedrich Koch: Die Kunstausstellung. Ihre Geschichte von den Anfängen bis zum Ausgang des 18. Jahrhunderts, Berlin 1967
14 Claudia Valter: Studien zu bürgerlichen Kunst- und Naturaliensammlungen des 17. und 18. Jahrhunderts in Deutschland, Diss. TH Aachen 1995
15 Julius von Schlosser: Die Kunst- und Wunderkammern der Spätrenaissance. Ein Beitrag zur Geschichte des Sammelwesens (1923). 2. durchges. und vermehrte Ausgabe, Braunschweig 1978
16 Michael Cahn: Das Schwanken zwischen Abfall und Wert. Zur kulturellen Hermeneutik des Sammelns. In: Merkur, 45 Jg., Heft 8, 1991, S. 674–690
17 Gustav Klemm: Zur Geschichte der Sammlungen für Wissenschaft und Kunst in Deutschland, Zerbst 1837, 2. Aufl. 1838. Zur neueren Revision der Kunstkammerforschung siehe Horst Bredekamp: Antikensehnsucht und Maschinenglauben. Die Geschichte der Kunstkammer und die Zukunft der Kunstgeschichte, Berlin 1993; Hans Holländer: Kunst- und Wunderkammern: Konturen eines unvollendeten Projektes. In: Wunderkammern des Abendlandes. Museum und Sammlung im Spiegel der Zeit. Kat. der Kunst- und Ausstellungshalle der Bundesrepublik Deutschland, Bonn 1994, S. 136–145

Supermarktpiraten

Unveröffentlicht.

1 „Kinderkriminalität in Deutschland erreicht neuen Höchststand". In: FAZ, 19. März 1998, S. 5
2 „Programm und Werbung trennen". In: FAZ, 14. April 1998, S. 7
3 Beat Wyss: In der Kathedrale des Kapitalismus. In: Kursbuch Heft 106 (Alles Design), Dezember 1991, S. 19–31, jetzt in Beat Wyss: Die Welt als T-Shirt. Zur Ästhetik und Geschichte der Medien, Köln 1997
4 Michael Wildt: Vom kleinen Wohlstand. Eine Konsumgeschichte der fünfziger Jahre. Frankfurt/Main 1996, Kap. 8, „Selbstbedienung. Zur Ästhetik der Warenhülle", S. 149–165
5 Textilwirtschaft, Nr. 40, Oktober 1997, S. 38. Die Zurückhaltung anderer Kunden angesichts von Ladendieben ist eine Vermutung, die durch die teil-

nehmende Beobachtung von amerikanischen Soziologen bestätigt wird (Lloyd W. Klemke: The Sociology of Shoplifting. Boosters and Snitchers Today, London 1992, S. 2). Schon 1876 wurde in den USA Klage geführt, daß sogar das Verkaufspersonal die Diebstähle tolerierte (Elaine S. Abelson: When Ladies Go A-Thieving. Middle Class Shoplifters in the Victorian Department Store, New York/Oxford 1989, S. 116).

6   „Kaufhaus-Personal macht Ladendieben Konkurrenz." In: Süddeutsche Zeitung, 22. Dezember 1997, S. 39

7   Pressedienst des Handels, hrsg. in Verbindung mit dem Hauptverband des Deutschen Einzelhandels (HDE) vom Wirtschaftlichen Förderungsdienst des Einzelhandels (WFE), Köln, Nr. 13, April 1997, S. 2

8   Einer der ersten Fälle wird für 1597 aus England berichtet (Philip P. Purpura: Retail Security and Shrinkage Protection, Boston 1993, S. 4); 1673 soll das Wort „shoplifting" zum ersten Mal in England belegt und 1698 parlamentarisch kodifiziert und mit der Todesstrafe verknüpft worden sein (Kathleen L. Farrell/John A. Ferrara: Shoplifting. The Antishoplifting Guidebook, New York 1985, S. 1 f.). 1726 soll das Delikt bereits so verbreitet gewesen sein, daß sich Geschäftsleute an die Regierung mit der Bitte um schärfere Strafverfolgung wandten und eine Art Kronzeugenregelung für das offensichtlich meist in Gruppen begangene Delikt vorschlugen (Loren E. Edwards: Shoplifting and Shrinkage Protection for Stores, Springfiled 1958, S. 5). Siehe zum ganzen auch Klemke, a. a. O, S. 16–22

9   Elaine S. Abelson: When Ladies Go A-Thieving, siehe Anm. 5

10 Emile Zola: Au bonheur des dames. Zur Zeit einzige greifbare deutsche Ausgabe: „Zum Paradies der Damen", Kettwig, o. J. (Phaidon)

11 Siehe das Kapitel The Dilemmas of Detection in Abelson, a. a. O., S. 120–147

12 Siehe das Kapitel The Two-Way Mirror in Abelson, a. a. O., S. 63–90

13 Siehe das Kapitel The Dilemmas of Detection in Abelson, a. a. O., S. 120–147

14 Abelson, a. a. O., S. 177

15 Abelson, a. a. O., S. 168

16 Textilwirtschaft, Nr. 40, Oktober 1997, S. 38 f.

17 Abelson, a. a. O., S. 49 f.

18 Rolf Dieter Zöllner: Der Ladendiebstahl als betriebswirtschaftliches Problem im Einzelhandel, Köln 1977; Joachim Wagner: Ladendiebstahl. Wohlstands- oder Notstandskriminalität?, Heidelberg 1979; Armin Schoreit (Hrsg.): Problem Ladendiebstahl. Moderner Selbstbedienungungsverkauf und Kriminalität, Heidelberg 1979; Brigitte Schmechting: Personaldelikte. Parallelen und Abweichungen zum Ladendiebstahl, Marburg 1982

19 Achim Hirtz: Ladendiebstahl. Ein Ratgeber zur wirksamen Abwehr. Hrsg. vom deutschen Industrie- und Handelstag, Bonn 1997, S. 8

20 Pressedienst des Handels, Nr. 9, März 1997, S. 2; Anonym: Klauen und Grinsen, in: Der Spiegel 13/2000, S. 118

21 Auskünfte des Künstlers in einem Vortrag anläßlich des Symposiums „Kunst im öffentlichen Raum" in Lanzarote, Mai 1999

22 Dieter Kunzelmann: Leisten Sie keinen Widerstand! Bilder aus meinem Leben, Berlin 1998, S. 60

23 Abelson, a. a. O., S. 9
24 Achim Hirtz: Ladendiebstahl, a. a. O. (Anm.19), S. 14

Die letzte Zigarette

Erstveröffentlichung im Magazin der Süddeutschen Zeitung vom 18. Februar 2000.

Literatur:
Christopher Buckley: Danke, daß Sie hier rauchen, Frankfurt/Main 1998
Rolf Coeppicus: Entlasten Raucher die Krankenkassen? In: Zeitschrift für Rechtspolitik, Heft 7, Juli 1998, S. 251–252
Klaus Heinrich: Versuch über die Schwierigkeit nein zu sagen, Frankfurt/Main 1964
Alexander Klose: Alles unter Kontrolle. Die repressive Drogenpolitik wird „verständnisvoll" – ist das gut? In: Süddeutsche Zeitung, Feuilleton, 7. Januar 1999
Walter Krämer: Rauchen für die Rente. Nikotinmißbrauch gefährdet zwar die Gesundheit, aber er entlastet die Krankenkassen. In: Die Zeit, 23. 9. 1999
Chris Mullen: Cigarette Pack Art, London/New York/Sidney/Toronto 1979
Tom Robbins: Buntspecht. So was wie eine Liebesgeschichte, Reinbek 1983
Peter Rühmkorf: Durchgangsverkehr. Erweiterung und Schmerz: Über das Verhältnis von Dichtkunst und Drogengenuß. In: FAZ, Beilage Bilder und Zeiten, 8. Juli 1995
Wolfgang Schivelbusch: Das Paradies, der Geschmack und die Vernunft. Eine Geschichte der Genußmittel, München/Wien 1980
Italo Svevo: Zeno Cosini (1923), Reinbek 1999
Michel Tournier: Kaspar, Melchior und Balthasar, Hamburg 1983
Treibstoff Alkohol. Die Dichter und die Flasche. Themenheft der Zeitschrift du, Dezember 1994

Heißes Wasser

Unveröffentlicht.

Kirmesmusik

Unveröffentlicht.

Literatur:
Wilfried Berghahn: In der Fremde. Sozialpsychologische Anmerkungen zum deutschen Schlager. In: Gerhard Schmidt u. a. (Hrsg): Trivialliteratur. Aufsätze, Berlin 1964, S. 246–259
Tim de Lisle (Hrsg.): Lives of the Great Songs. London 1994
Diedrich Diederichsen: Sex Beat, Köln 1985
ders.: Freiheit macht arm. Das Leben nach Rock'n'Roll 1990–93, Köln 1993
Walter Grasskamp: Die große Maskerade. Kritik der Kulturrevolution. In: Der lange Marsch durch die Illusionen. Kunst und Politik, München 1995, S. 11–54

Nick Hornby: High Fidelity, Köln 1996

Horst Königstein: Tanz mit mir, mein Mädel. Ein deutsches Potpourri. In: Michael Rutschky (Hrsg.): Errungenschaften. Eine Kasuistik, Frankfurt/Main 1982, S. 285–317

Karl Lippegaus: Die Stille im Kopf. Interviews und Notizen über Musik, Kiel 1991

Lob des Sakkos

Unveröffentlicht.

„Mit Polohemd unter dem Sakko. Der Erfolg unkonventioneller Firmen bringt in der Londoner City den „dress code" zum Wanken". In: Süddeutsche Zeitung, Beilage Wirtschaft, S. 19, 7. März 2000

John Berger: Der Anzug und die Fotografie. In: J. B.: Das Leben der Bilder oder die Kunst des Sehens, Berlin 1981, S. 27–34

Paul Fussell: Cashmere, Cocktail, Cadillac. Ein Wegweiser durch das amerikanische Statussystem (1983), Göttingen 1997

Alison Lurie: The Language of Clothes, New York 1981

Anne Hollander: Anzug und Eros. Eine Geschichte der modernen Kleidung, Berlin 1995

Ulf Poschardt: Anpassen, Hamburg 1998

Wanderausstellung

Erstveröffentlichung als „Ökonomie des Schmucks/The Economics of Jewellery" in dem Katalog „juveloj. Amsterdam-München-Tokyo" (Bayerischer Kunstgewerbe-Verein und Akademie der Bildenden Künste München 1997)

Konsumanimateure

Erstveröffentlichung unter dem Titel „Serienhelden: Vom Markenzeichen zur Werbefigur. Medientheoretische Steckbriefe". In: Joachim Kellner/Werner Lippert (Hrsg): Werbefiguren. Geschöpfe der Warenwelt, Frankfurt/Main 1991, S. 13–21; Nachdruck in „Lurchi. Dem Feuersalamander auf der Spur", Katalog Galerie der Stadt Kornwestheim 1994, S. 47–52

Literatur:

Volker Albus/Michael Kriegeskorte (Hrsg.): Kauf mich! Prominente als Message und Markenartikel, Köln 1999

Bazon Brock: Die Maus und der Engel (1978). In: Kellner/Lippert (Hrsg.): Werbefiguren, a. a. O., S. 47–49

Uwe Geese/Harald Kimpel (Hrsg.): Kunst im Rahmen der Werbung, Marburg 1982

Walter Grasskamp: Maniera americana. Über den künstlerischen Rang Walt Disneys. In: Heinz Herbert Mann/Peter Gerlach (Hrsg.): Regel und Ausnahme. Festschrift für Hans Holländer, Aachen 1995, S. 281–286

Victor Margolin/Ira Brichta/Vivian Brichta: The Promise And The Product. 200 Years of American Advertising Posters, New York/London 1979

John Mendenhall: Character Trademarks, London 1990

Chris Mullen: Cigarette Pack Art, London / New York / Sidney / Toronto 1979

Kirk Varnedoe/Adam Gopnik: High & Low. Modern Art And Popular Culture, Kat. Museum of Modern Art, New York 1991

Leo Spitzer: Amerikanische Werbung – verstanden als populäre Kunst. In: Leo Spitzer: Eine Methode, Literatur zu interpretieren, München 1966

Henriette Väth-Hinz: Odol. Reklame-Kunst um 1900, Gießen 1985

Blauer Reiter und lila Kuh

Vortrag anläßlich der Ausstellung „Der Blaue Reiter" auf Einladung der *Kunsthalle Bremen*, der *Bremen Marketing Gesellschaft mbH* und *Kraft Foods* (vormals *Kraft Jacobs Suchard*) am 5. Juni 2000.

1   Eberhard Roters: Wassily Kandinsky und die Gestalt des Blauen Reiters. In: Jahrbuch der Berliner Museen, 5, 1963, S. 201–226; Klaus Lankheit (Hrsg.): Der blaue Reiter. Herausgegeben von Wassily Kandinsky und Franz Marc. Dokumentarische Neuausgabe von Klaus Lankheit, 1. Aufl. 1965; Peg Weiss: Kandinsky und München: Begegnungen und Wandlungen. In: Armin Zweite (Hrsg.): Kandinsky und München. Begegnungen und Wandlungen 1896–1914, München 1982, S. 29–84; Felix Thürlemann: Famose Gegenklänge. Der Diskurs der Abbildungen im Almanach „Der Blaue Reiter". In: Kat. Der Blaue Reiter, Kunstmuseum Bern, hg. von Christoph von Tavel, 1987, S. 210–232; Peter-Klaus Schuster: Vom Tier zum Tod. Zur Ideologie des Geistigen bei Franz Marc. In: Kat. Franz Marc. Kräfte der Natur, hg. von Erich Franz, München/Münster 1994, S. 168–189; Beat Wyss: Der Wille zur Kunst. Zur ästhetischen Mentalität der Moderne, Köln 1996; Marlene Baum: Das Roß-Reiter-Motiv als Ausdruck des Geistigen im ‚Blauen Reiter', in: Das Münster, 1/1997, S. 48–55; Peter Bürger: Innerer Klang und blauer Akkord münden nicht im Stahlgewitter. In: FAZ, 23. Mai 2000

2   Es könnte symbolhaft auch für das weitere Schicksal der Maler-Dioskuren Marc und Kandinsky stehen: So wie Castor jungverstorben in die Unterwelt gelangte, Pollux aber an die Göttertafel, fiel Marc als Unvollendeter im Ersten Weltkrieg, während Kandinsky sein Werk ausformulieren und seinen enormen Ruhm bis zur Neige auskosten durfte. Wie aber Pollux Zeus dazu bewegen konnte, daß er mit Castor – täglich zwischen Unterwelt und Olymp pendelnd – zusammenbleiben durfte, hat Kandinsky freilich auch den olympischen Ruhm von Marc gefördert. Zu den Reiterstandbildern siehe den Essay „Sternzeichen Zwilling" in der Broschüre „190 Jahre Akademie der Bildenden Künste München", München 1999

3   Wolfgang Hars: Lexikon der Werbesprüche. 500 bekannte Werbeslogans und ihre Geschichte, Frankfurt am Main 1999, S. 94–96

4   Katerina Vatsela: „Lila lohnt sich". Zur Designgeschichte der Marke Milka. In: Klaus Berthold (Hrsg.): Von der braunen Chocolade zur lila Versuchung, Kat. Design Zentrum Bremen 1996, S. 10–29, hier 10; nach Harms (Anm. 3) handelte es sich um Schüler.

5   Wulf Herzogenrath: Marceting. Frühe Erfolgsstrategien. In: Jahresring. Jahrbuch für moderne Kunst, München 1989, S. 16–31
6   Thomas Nipperdey: Wie das Bürgertum die Moderne fand, Berlin 1988
7   Wolfgang Ullrich: Mit dem Rücken zur Kunst. Die neuen Statussymbole der Macht, Berlin 2000
8   Michael Schirner: Werbung ist Kunst, München 1988; Kat. ART meets ADS. Kunst trifft Werbung in der Ausstellung „Avantgarde & Kampagne", hg. von Jürgen Harten und Michael Schirner, Kunsthalle Düsseldorf/Edition Cantz, Ostfildern 1992
9   Oliviero Toscani: Die Werbung ist ein lächelndes Aas, Mannheim 1996
10 Kirk Varnedoe/Adam Gopnik: High & Low. Modern Art And Popular Culture, Kat. Museum of Modern Art, New York 1991
11 Jutta Held: Pop Art und Werbung in den USA. Über das dialektische Verhältnis zwischen freier und angewandter Kunst. In: Kritische Berichte, Jg. 1976, Heft 5/6, S. 27–44
12 Reinhold Grimm/Jost Hermand (Hrsg.): Faschismus und Avantgarde, Königstein 1980; Boris Groys: Gesamtkunstwerk Stalin, München 1988; Peter Ulrich Hein: Die Brücke ins Geisterreich, Reinbek 1992; Beat Wyss: Der Wille zur Kunst, Köln 1996; Jean Clair: Die Verantwortung des Künstlers, Köln 1998
13 Norbert Bolz/D. Bosshart: Kult-Marketing, Düsseldorf 1995; Matthias Horx/Peter Wippermann: Markenkult, Düsseldorf 1995

Verteidigung des Sofabildes

Radioessay für den Bayerischen Rundfunk, 1997. In kürzerer Fassung veröffentlicht in Annette Tietenberg (Hrsg): Das Kunstwerk als Geschichtsdokument. Festschrift für Hans-Ernst Mittig, München 1999, S. 201–209

1   Wolfgang Brückner: Elfenreigen – Hochzeitstraum. Die Öldruckfabrikation 1880–1940, Köln 1974; Christa Pieske: Bilder für jedermann. Wandbilddrucke 1840–1940, Berlin 1988
2   Julius Meier-Graefe: Über Kunst. In: Ders.: Wohin treiben wir? Zwei Reden über Kultur, Berlin 1913, S. 51–115, hier S. 75. Ich danke Henning Ritter für diesen Hinweis.
3   Henrike Junge (Hrsg.): Avantgarde und Publikum. Zur Rezeption avantgardistischer Kunst in Deutschland 1905–1933. Köln/Weimar/Wien 1992
4   Zit. nach Klaus Honnef: Andy Warhol. Kunst als Kommerz, Köln 1989, S. 58
5   „If it commands attention it's culture, if it matches the couch it's art", zit. nach Wolfgang Kemp: Zeitgenössische Kunst und ihre Betrachter. In: Jahresring 43. Jahrbuch für moderne Kunst, Köln 1996, S. 13–43, hier S. 32
6   Harald Szeemann: Zurück und hin zur ‚Würde des Dekorativen‘? sowie Beiträge zu einer Geschichte des Dekorativen und des Pattern im 20. Jahrhundert. In: Du. Die Kunstzeitschrift, Heft 6, 1979, S. 56–63
7   Henri Matisse: Notizen eines Malers. In: Farbe und Gleichnis. Gesammelte Schriften mit den Erinnerungen von Hans Purrmann. Zürich 1955, S. 9–30, hier S. 24

8   Martin Warnke: Zur Situation der Couchecke. In: Jürgen Habermas (Hrsg.):
    Stichworte zur ‚Geistigen Situation der Zeit', Band 2, Frankfurt/Main 1979,
    S. 673–687; Herlinde Koelbl/Manfred Sack: Das deutsche Wohnzimmer.
    München/Luzern 1980
9   Zur Ausstellung „Hempels Sofa – Wohnglück mit Bildern" siehe den Be-
    richt von Wolfgang Prosinger und Jens Rötsch: Hempels Sofas. In: Zeitma-
    gazin Nr. 44, 28. Oktober 1994. S. 10–16
10 Paul Valéry: Das Problem der Museen. In: Valéry: Über Kunst. Essays.
    Frankfurt/Main 1973

Unberührbar und unverkäuflich

Vortrag auf der Tagung „Museum und Kaufhaus. Zu den Schnittstellen von
Kunst, Markt und Warenwelt" der Hanns-Seidel-Stiftung im Stadtmuseum
München am 10. Mai 1996. Erstveröffentlichung im Katalogbuch „Wa(h)re
Kunst. Der Museumsshop als Wunderkammer" des Offenen Kulturhauses in
Linz, Frankfurt/Main 1997, S. 29–38

1   Joachim Rönneper hat eine Anthologie mit literarischen Besuchen in den
    Museen der Welt herausgegeben (Die Museen der Welt, Frankfurt/Main
    1993); ich selbst habe 1989 ein Dossier über „Sonderbare Museumsbesuche"
    in Literatur und Film zusammengestellt (in: Jahresring 36, München 1989,
    S. 151–206); aber noch viel mehr Material ist unerschlossen und verstreut
    über zahllose Tagebücher, Briefe, Reiseberichte, Lyrik und Prosa der letzten
    drei Jahrhunderte. Siehe jetzt auch die von Christoph Stölzl herausgegebene
    Anthologie „Menschen im Museum", Historisches Museum Berlin 1998
2   Nelson Goodman: Das Ende des Museums? In: Vom Denken und anderen
    Dingen. Frankfurt/Main 1987, S. 248–265, hier S. 252
3   Walter Grasskamp: Schwarzmarkt der Eitelkeiten. Der Kunstbetrieb im
    Kriminalroman. In: W. G.: Die unästhetische Demokratie. Kunst in der
    Marktgesellschaft, München 1992, S. 46–65
4   Peter Moritz Pickshaus: Kunstzerstörer. Fallstudien: Tatmotive und Psy-
    chogramme, Reinbek 1988
5   Bazon Brock: Spielsachen aus dem Netz der Fischerin. Zuerst in: Frankfur-
    ter Allgemeine Magazin, No. 837 vom 15. März 1996, S. 59–64, nachge-
    druckt in Wa(h)re Kunst. Der Museumsshop als Wunderkammer, Kat. Of-
    fenes Kulturhaus Linz 1996, S. 17–28; siehe auch Harald Kimpel: Der Aus-
    verkauf der Aura im Museumsshop. In: Das Parlament, Themenheft
    „Kultur und Politik in Deutschland", 26. Februar 1999, S. 4
6   Rudolph Chimelli: Kein Lagerhaus ist groß genug. Frankreichs staatliche
    Museumsläden bleiben auf Repliken, T-Shirts und Tüchern sitzen. In: Süd-
    deutsche Zeitung, 27. August 1998
7   Verena Lueken: Altmeister für Alte. In: Frankfurter Allgemeine Zeitung,
    1. März 1996
8   Judith H. Dobrzynski: Art(?) to Go: Museums Shops Broaden Wares, at a
    Profit. In: New York Times, 20. 1. 1998; Hanno Rauterberg: Friedhof der
    Kuschelkunst. Eine neue Messe präsentiert die Zukunft des Museums – als
    Einrichtungshaus. In: Die Zeit, 26. März 1998; Christoph Fiege: Die Kunst,

Geld zu verdienen. Dali-Ohrringe und Monet-Regenschirme – Museums-Shops kredenzen kunstvolles Allerlei und bessern damit den Etat auf. In Süddeutsche Zeitung, 11./12. Januar 1997

9   Kurt Vonnegut: Schlachthof 5 oder Der Kinderkreuzzug, Reinbek 1972, S. 42

Konfektionierte Existenz

Unveröffentlicht.

Zuletzt erschien in deutscher Sprache: Martin H. Bush/Thomas Buchsteiner: Duane Hanson. Skulpturen, Ostfildern 1990. Zur Geschichte der Kunst- und Wunderkammer siehe die Anmerkungen 15 und 17 zum Essay „Das Entgegenkommen der Dinge", zur Geschichte der Wachsplastik siehe Julius von Schlosser: Tote Blicke. Geschichte der Porträtbildnerei in Wachs. Ein Versuch. In: Jahrbuch der Kunsthistorischen Sammlungen des Allerhöchsten Kaiserhauses 29, Wien 1919/21, Nachdruck Berlin 1993

Buchanzeigen

Kunst und Kunsttheorie

Walter Grasskamp
Der lange Marsch durch die Illusionen
Über Kunst und Politik
1995. 184 Seiten mit 22 Abbildungen. Paperback
Beck'sche Reihe Band 1110

Walter Grasskamp
Kunst und Geld
Szenen einer Mischehe
1998. 133 Seiten. Paperback
Beck'sche Reihe Band 1258

Walter Grasskamp
Die unästhetische Demokratie
Kunst in der Marktgesellschaft
1992. 169 Seiten. Paperback
Beck'sche Reihe Band 475

Michael Hauskeller
Was ist Kunst?
Positionen der Ästhetik von Platon bis Danto
4. Auflage. 1999. 109 Seiten. Paperback
Beck'sche Reihe Band 1254

Harald Fricke
Gesetz und Freiheit
Eine Philosophie der Kunst
2000. 224 Seiten. Broschiert

Verlag C. H. Beck München

Länder und Menschen

Terry Eagleton
Die Wahrheit über die Iren
Aus dem Englischen von Silvia Morawetz
2000. 172 Seiten mit einigen Vignetten. Klappenbroschur

R. W. B. McCormack
Mitten in Berlin
Feldstudien in der Hauptstadt
2000. 198 Seiten mit 32 Abbildungen. Klappenbroschur

Dieter Thomä
Unter Amerikanern
Eine Lebensart wird besichtigt
2000. Etwa 190 Seiten. Paperback
Beck'sche Reihe Band 1349

Hermann Bausinger
Typisch deutsch
Wie deutsch sind die Deutschen?
2000. 176 Seiten mit 176 Abbildungen. Paperback
Beck'sche Reihe Band 1348

Hans-Dieter Gelfert
Typisch englisch
Wie die Briten wurden, was sie sind
3., durchgesehene Auflage. 1998. 176 Seiten mit 18 Abbildungen
Paperback
Beck'sche Reihe Band 1088

Verlag C. H. Beck München